MANUAL DEL VINO ARGENTINO

Diseño de tapa: Jorge Deverill
Fotos de tapa cedidas por César Ponce, editor de Master-Wine

Edición actualizada del
Manual del vino argentino
editado en 1995

ISBN 950-24-1009-2

Se ha hecho el depósito que marca la ley 11.723.
Prohibida la reproducción parcial o total.
Copyright © 2001 by Editorial Albatros SACI
J. Salguero 2745 5º 51 (1425)
Buenos Aires - República Argentina
Email: info@edalbatros.com.ar
www.edalbatros.com.ar

*A mi esposa, mis hijos, nietos
y el resto de mi amada familia.*

*A mis amigos de siempre y, en especial,
al recordado Antonio Díaz Funes,
con quien compartimos vinos, asados,
charlas, silencios, viajes
y mucha música de cámara.*

Prólogo

Para quienes hemos consagrado muchos años y no menos afanes al trabajo del vino, la publicación de un libro sobre el tema, como este "Manual del Vino Argentino", que hoy nos entrega Jorge Dengis, constituye ciertamente un acontecimiento.

Podríamos enumerar varias razones en abono de este alborozo, pero a nuestro juicio lo primordial en este libro— cuyo destinatario es el gran público de nuestro país, habitualmente consumidor de vino— tiene la finalidad de provocar en él interés por conocer y apreciar adecuadamente la naturaleza y cualidades de esta sublime bebida, que acompaña al hombre desde los albores de su civilización.

Si bien su autor, con donosa modestia, expresa que su manual "no pretende revolucionar la literatura enológica, sino constituir un aporte válido para aquéllos a los que les interesa la materia", tras la detenida lectura de sus veinte capítulos comprobamos que este propósito no sólo lo cumple acabadamente, sino que, asimismo, logra con generosidad superar una falencia con la cual hasta ahora tropezaban nuestros enófilos: la carencia de una imprescindible y adecuada guía para mejor conocer y mejor gustar el vino.

En efecto, Jorge Dengis, periodista vastamente conocido en nuestro país, resume en su libro una prolongada experiencia, obtenida a lo largo de años dedicados a develar y difundir las cualidades de nuestros vinos, labor ésta realizada con indiscutible competencia y probada honestidad en sus juicios.

Con prosa sencilla y estilo suelto y diáfano, discurre con certeza y donaire sobre la historia del vino, particularidades de cepajes y regiones productoras, los variados tipos de vinos que se elaboran en el país, sus características y el apropiado lenguaje para expresarlas, requisitos para organizar la bodega familiar. Entre otros tópicos, propone al lector un interesante y placentero juego para entrenar degustadores, cuya práctica permitirá, sin duda, a sus participantes gustar y precisar propiedades que distinguen a un vino de otro.

Por todas estas circunstancias, confiamos en que el "Manual del Vino Argentino" de Jorge Dengis, encuentre el favor del público que merece, especialmente alentados por la certidumbre de que su consulta permitirá incentivar el consumo inteligente del vino, en total coincidencia con los designios que persigue el enólogo, cuya misión es no sólo hacer el mejor vino posible, sino también obtener el mayor deleite factible al paladar del consumidor.

En este sentido, es bueno advertir que la calidad del consumidor —meta que se propone alcanzar este Manual de Dengis— condiciona la calidad del vino. Como recuerda el historiador Jean-Françoise Gautier, hace cuatro siglos el agrónomo Olivier de Serres definió las condiciones objetivas de la calidad del vino al sostener que "el aire, la tierra y la planta son el fundamento del viñedo", o sea que en estos elementos reside lo que llamaríamos calidad **innata** y a los cuales, como sugiere Gautier, convendría agregar la acción del hombre, cuya intervención constituiría, en cierta medida, la calidad **adquirida**.

Pero aquí también rememoramos a ese gran enólogo que es Emile Peynaud, cuando en su obra "El gusto del vino", escribe: "detrás de cada definición, se perfila aquel que, en última instancia, juzga la calidad: el hombre que bebe el vino. La calidad —prosigue— existe solamente en función de ese personaje, de su aptitud para percibirla y sancionarla".

Por nuestra parte, nos atrevemos a proponer al lector, mientras saboreamos una copa del vino preferido, comprobar, con la ayuda que nos ofrece Jorge Dengis, la veracidad de esta afirmación del maestro eminente.

Raúl de la Mota
Enólogo

Prólogo 2001

El Manual del vino argentino fue escrito en 1994, apenas siete años atrás. Pero para la enología argentina este período representa décadas de crecimiento acelerado. Aunque parezca una exageración, el salto cuantitativo y especialmente cualitativo que experimentó el vino argentino fue espectacular. La última década del siglo XX parece haber querido reflejar todo aquello que no se había hecho en las décadas anteriores.

No se trata de un milagro. Sí una conjunción virtuosa de acontecimientos o fenómenos que se sumaron para producir un nuevo posicionamiento del país en un área que ya tenía una dilatada historia. Pues bien, la Argentina, que cuenta con varias bodegas centenarias, comenzó a ser conocida por la calidad de sus vinos. Un par de cepas ayudaron a perfilar su producción: la torrontés, cuyo perfume y personalidad cautivó a muchos catadores internacionales. Y la malbec, conocida aquí durante años como «uva francesa», procedente de la zona de Cahors, Francia. En distintos certámenes muchos expertos consideraron que la malbec argentina permitía producir vinos superiores a los que lograra esa cepa en otras regiones vitivinícolas. Hoy casi ninguna bodega argentina deja de ofrecer «su malbec» en su oferta de productos.

Otro factor importante en el «boom» argentino de los años 1990 fue el importante reequipamiento realizado en casi todas las bodegas: equipos de acero inoxidable para la fase de elaboración, unidades de frío para el logro de vinos blancos de calidad superior, riego por goteo controlado por computadora, barricas de roble de 225 litros para un pasaje del vino antes de ser embotellado, prensas neumáticas, etc. Mientras esto ocurría en la etapa de elaboración otra suerte de revolución se instalaba en los viñedos, donde los ingenieros agrónomos empezaron a tallar en forma notoria: raleo de racimos para lograr mayor concentración, manejo de la canopia para lograr una perfecta insolación y todas las medidas necesarias para lograr una baja producción de calidad superior.

Esta nueva filosofía supuso el intercambio de técnicos con otros países para comparar experiencias y estar actualizado con lo que ocurría con el vino en otras latitudes.

Toda esa movida originó el interés de las bodegas por ampliar sus cultivos, que se realizó con capitales propios o con fusiones con otras empresas del país o del exterior.

Para detallar todos esos movimientos económico-financieros este manual requeriría un segundo tomo.

Dentro de los principales hitos en este cambio de la actividad en nuestro país, cabe mencionar: la adquisición por parte de Bodegas Esmeralda de Escorihuela y La Rural, anteriormente propiedad de Reina Rutini. Por su parte Finca Flichman, adquirida tiempo atrás por la familia Werthein, pasó a integrar un grupo portugués de importancia, conocido como Sogrape. El grupo Norton, adquirido oportunamente por la familia Swarovski, con capital procedente de Austria, se unió a capitales españoles del Grupo Marqués de Griñón y Berberana para integrar lo que hoy se conoce como Bodegas Hispano Argentina.

Por esa época también se verificó una fusión entre Bodegas Lávaque, de D.O.C. de San Rafael y Michel Torino, tradicional bodega salteña de Cafayate, pero que actualmente integra el Grupo de Bodegas y Viñedos Andinos. Santa Ana fue adquirida por capitales chilenos reunidos en Santa Catalina S.A., pero finalmente también integra el Grupo Bodegas y Viñedos Andinos.

Asimismo comenzó a generarse una verdadera ola de radicaciones procedentes de distintos países tales como Francia, con Domaine Vistalba a cargo de Hervé Joyaux Fabre; Salentein, con capitales holandeses que se unió a miembros de la familia Pulenta y el establecimiento de la poderosa Bodega californiana Kendall-Jackson.

Cuando este libro entró en prensa se estaba verificando un acuerdo entre el Ing. Nicolás Catena Zapata, uno de los principales propulsores de los cambios ya referidos, y el famosísimo Barón de Rostchild, fundador de una de las bodegas más tradicionales de Francia con reconocimiento internacional.

El camino se ha iniciado y aún no tiene miras de finalizar...

A modo de presentación

Quien escribe este *Manual del vino argentino* comenzó a interesarse por dicha bebida alrededor de sus 20 años.

La afición nació cuando, con un reducido número de amigos acostumbrábamos a «comer afuera» una vez por semana. No cambiábamos tanto de restaurantes –en aquella época la oferta era infinitamente inferior a la actual– como de marcas de vinos. Nos gustaba variar, es decir incursionar en marcas que no frecuentábamos. En ese juego descartábamos algunas porque no satisfacían nuestras expectativas.

En 1951 devine periodista (en 2001 festejé mis «bodas de oro» con esta magnífica profesión). Si utilizo este poco frecuentado verbo es porque creo que se ajusta a la realidad. Me invitaron a formar parte de un proyecto editorial muy interesante: la gestación de *El economista*, un semanario económico-financiero que hoy sigue apareciendo, pese a los agoreros que nos desanimaron en aquel entonces argumentando que la opinión económica era materia reservada a unos pocos. Acepté un entrenamiento de tres meses y que trabajé allí casi 20 años. En escasos meses fui Secretario de Redacción y luego Secretario General.

En los primeros años de la década de 1960 se nos ocurrió, a un compañero de trabajo y a mí, incluir en cada edición una reducida sección gastronómica que intuimos concedería a nuestros lectores cierto alivio y distensión en medio de tan abrumadora información macroeconómica. Mi compañero escribía críticas de restaurantes y el que suscribía una pequeña columna que llevaba por título «Y aquí hablamos de vinos», era firmada con el seudónimo de «Sommelier».

No debí esperar para medir el impacto de la iniciativa. Después de una década de ejercer el periodismo, comprobé que una poco pretenciosa columna que se ocupaba de los vinos como objetos de placer y de la cultura gastronómica de la sociedad podía tener el eco que tuvo, dicho esto con orgullo, pero sin menor jactancia. Comprendí que el mundo del vino –pese a la importancia de la industria– era una suerte de microcosmos, con leyes propias y una sensibilidad exacerbada que no se verificaba en otros sectores industriales.

Unas pocas líneas elogiando un nuevo vino lanzado al mercado provocaba una reacción más notoria que un sesudo editorial sobre integración económica latinoamericana.

Esa verificación llevó a percatarme de que los bodegueros eran seres de carne y hueso, que recibían el elogio de sus vinos como podían hacerlo si ponderaban las virtudes de sus hijos. Y algo de eso había, ya que los vinos son criaturas de alguien. Generalmente, del bodeguero, el enólogo y los expertos. Recibí visitas, cartas y llamados telefónicos de ilustres representantes del mundo del vino y conocí a otros en múltiples visitas realizadas a Cuyo, Salta y Río Negro.

Tiempo después de la citada iniciativa, comprendí que aquella inusitada reacción se justificaba por cuanto en el país no se había desarrollado esta especie de «periodista-que-escribe-sobre-vinos». No sé si fui el pionero, ni me interesa revindicar ninguna condición de precursor pero, en todo caso, de estas cosas y también de las secciones que existen en muchas publicaciones abarcan un amplio espectro de nuestra realidad, buceando en las costumbres de la sociedad.

Ese trabajo de búsqueda e investigación, volcado en artículos para un considerable número de publicaciones, fue tomando forma en este *Manual del vino argentino*, que no pretende revolucionar la literatura enológica sino constituir un aporte válido para aquellos que les interesa la materia y quisieran encontrar reunidas una serie de informaciones, ideas u consejos para introducirse en el mundo del vino o, más propiamente, en la cultura del vino, con mayor solvencia.

Este trabajo satisfará –espero– algunas de las inquietudes que anidan aún en sus destinatarios. Los orientará y despejará dudas, pero también las creará.

«Sabio es aquel que se asombra de todo», suele decirse. En otras palabras, el aprendizaje nunca llega a su fin. Hay que persistir en el camino de saber siempre algo más.

Introducción

 # El vino, como una de las bellas artes

El vino es una de las bebidas alcohólicas más extendidas en nuestro mundo actual. Las estadísticas señalan que un ser humano de cada cien es viticultor, elaborador o comerciante en vinos. La Organización Internacional del Vino (O.I.V.) ha dicho, no hace más de una década, que la cosecha mundial era suficiente como para suministrar a los entonces 4.000 millones de habitantes del planeta unas ocho botellas por año. Hay unos 10 millones de hectáreas de viñedos, o sea una hectárea de cada 130 hectáreas cultivadas en el mundo y, por supuesto — con la posible excepción de Francia y otros países europeos — existen muchas más hectáreas potencialmente cultivables con la *vitis vinífera*, ya que ecológicamente son aptas para su desarrollo.

El vino es bastante más que una bebida o el complemento ideal de la comida. Es un producto de la cultura y un integrante de la misma. Es también un objeto de placer y casi una de las bellas artes, si bien con una diferencia sustancial sobre éstas: el producto no permanece inmutable cuando el «artista» termina su obra. Cambia, evoluciona, se enriquece. Es un producto vivo y es precisamente esa condición la que lo hace apetecible y venerable, porque la vida supone la madurez, la declinación y el fin.

Uno siempre podrá volver a gozar de La Victoria de Samotracia, los lienzos de Velázquez o Rembrandt o las catedrales de Colonia o Salisbury. Han estado allí por siglos y seguirán estando algunos más. El vino tiene menos vigencia que el mármol, la pintura o la piedra. Su vida es efímera, como la nuestra; de allí su atracción. Es la seducción de lo mutante, lo fugaz, lo perecedero. Algo como lo que nos propone la naturaleza en los amaneceres y puestas de sol, los bosques en otoño, las olas llegando tozudamente a la playa. Son espectáculos que jamás se repiten para un espíritu sensible y atento.

El vino se parece más a la música que a cualquier otra de las bellas artes. Como ella, necesita de un traductor, de un intérprete. La botella cerrada es como una partitura: contiene toda la belleza de la música, pero es necesario el artista que la extraiga y la exhiba.

El vino requiere un bebedor con ciertos talentos para «soltar» todas sus virtudes, todas sus esencias. Como el intérprete musical, el bebedor, el gustador del vino, puede estar dotado por la naturaleza; el resto es aprendizaje, es decir, dedicación, ejercitación, memoria y tiempo.

Una breve referencia a la historia del vino

Según Hugh Johnson, uno de los mayores expertos en el tema y autor de un excelente *Atlas Mundial de Vinos y Licores*, traducido a numerosos idiomas, la historia del vino se remonta más allá de nuestros conocimientos. Las pruebas aportadas por los estudiosos se remiten a la época de la dominación griega, es decir, mil años antes de Cristo. Recordemos que los clásicos griegos adoraban a un dios del Vino, el venerado Dionisos, que en la mitología romana trocó su nombre por Baco, pero en ambos casos se los representaba de manera similar: robustos, con una copa en la mano y coronadas sus frentes por pámpanos relucientes y en plena sazón.

Todos los poetas de aquellas épocas e inclusive muchos fragmentos del Antiguo Testamento dedicaron largas loas al vino. No dudamos de que en las famosas fiestas báquicas o dionisíacas el vino se apreciaba más por su cantidad que por su calidad y hoy pocos dudan que aquellos vinos debían ser bastante deplorables, de color indeciso, bastante dulzones y ningún estacionamiento.

Tampoco caben dudas acerca de que el mayor acontecimiento agrícola y el de mayor trascendencia para la historia del vino fue la implantación de viñas en las Galias. Cuando los romanos se retiraron de lo que hoy es Francia, en el siglo V, habían sentado los fundamentos de casi todos los mayores viñedos del mundo actual. Los testimonios históricos aseguran que los romanos partieron de la Provenza, ascendieron por el valle del Ródano y llegaron hasta Burdeos, hoy capital indiscutida de la vinicultura. También existen pruebas de que en el siglo II ya había viñas en la zona de la Borgoña y en el siglo IV en Champagne, Mosela y el Rin. El vino logró salir indemne de la Edad Media, con su rigurosa austeridad, la omnipresencia del mismísimo demonio, la Inquisición y todo tipo de guerras devastadoras de hombres, mujeres y cultivos.

El gran impulso de la vitivinicultura, para llegar a ser lo que es en la actualidad, comenzó en el siglo pasado y se asentó en el que está por finalizar. No hay que olvidar que en el siglo XIX la terrible plaga de la filoxera casi termina con todos los viñedos de los principales países europeos. En esos tremendos años, nuestra Latinoamérica, que recién asentaba sus reales artesanalmente en materia enológica, fue la tabla de salvación de los viñedos del Viejo Mundo, cuando los expertos agrónomos descubrieron que las estacas de vid, injertadas sobre pies de viñas de esta zona, lograban resistir a la depredadora filoxera.

Desde hace unas pocas décadas, el mapa de la vitivinicultura se ha ido ensanchando, al incorporarse en forma creciente importantes zonas a la producción de vino, tales como las valles de Napa y Sonoma, al norte de California, Sudáfrica, Australia, Nueva Zelanda, Argelia y la ex-Unión Soviética, con perspectivas muy promisorias.

Todas estas nuevas zonas, más las existentes, que se fueron expandiendo, son ecológicamente aptas para esos cultivos. No en todas las zonas se cultivan las mismas variedades de uva, por lo cual los vinos procedentes de cada una de esas zonas suelen diferenciarse considerablemente en colores, aromas y sabores.

Por supuesto, la historia no termina en estos días, ya que la tecnología, tanto en materia de cultivos como en la elaboración, sigue progresando constantemente y es previsible que se sigan incorporando al planeta zonas vitícolas que no se consideraban viables tiempo atrás.

La elaboración del vino

Aunque este trabajo pretende ser un manual y no un tratado sobre el vino argentino, creo que es importante dar al lector una somera explicación acerca de la elaboración del vino.

Nada más sencillo que transmitir al lector lo que hemos visto en las bodegas visitadas en la época de la vendimia y lo que hemos escuchado de boca de los expertos y que suena más o menos así:

Todo lo que se requiere para convertir el zumo de la uva o mosto en vino es un simple proceso, absolutamente natural: el de la fermentación. Se trata de un fenómeno químico, que transforma el azúcar de la uva en alcohol y anhídrido carbónico. El agente químico que produce tal transformación son las levaduras, que son microorganismos que habitan, entre otros lugares, en los hollejos de las uvas. Basta que se rompa el hollejo para que comiencen a operar las levaduras sobre el azúcar, que constituye el 30% de la pulpa, y comience el proceso de fermentación, es decir que el mosto o jugo virgen se va convirtiendo en vino.

Digamos, para no saltear ningún paso del proceso, que las uvas son traídas de las viñas en racimos y llegan hasta el lagar, que es el lugar de la bodega destinado a tal fin. De allí los racimos pasan por una máquina llamada descobajadora, que es la que desprende los granos del sostén leñoso del racimo, llamado escobajo. El siguiente paso es el prensado de las uvas para extraer su jugo. El mosto o jugo virgen es bombeado luego a las piletas o cubas de fermentación (el mosto incluye pulpa, hollejo y semilla).

En condiciones normales, las levaduras seguirían actuando hasta que todo el azúcar del mosto se convierta en alcohol o bien hasta que el nivel de alcohol en el vino llegue a alrededor del 15% del volumen. En las escasas ocasiones en que las uvas son muy dulces, la acción de las levaduras se detiene y ello paraliza la fermentación.

La visión directa del proceso de fermentación es algo inolvidable para el que puede contemplarlo. Por lo general, dicho proceso se verifica en grandes piletas o vasijas que pueden ser de acero inoxidable o de cemento recubierto por dentro por resinas epoxi, que dan a las paredes un aspecto vidriado. En la parte superior de esas grandes vasijas suele haber una suerte de gran «ojo de buey», como los que existen en los barcos, que permite observar el proceso de fermentación, que se manifiesta por un movimiento del vino, que puede llegar a ser bastante tumultuoso, como si dentro de las piletas existieran grandes paletas que imprimieran al líquido un movimiento rotativo.

En la actualidad, todo el proceso de elaboración de vinos está apoyado en una tecnología que no existía unas décadas atrás. La fermentación de los vinos blancos se hace a muy bajas temperaturas, utilizando poderosos equipos de frío, para retardar el proceso de fermentación, tornarlo más controlable y evitar toda oxidación, es decir captación de oxígeno, que viene a ser «el malo de la película» en la elaboración de vinos. Tanto es así, que un autor famoso en esta materia dice en una de sus obras que «la elaboración del vino no es sino una despiadada lucha sin cuartel contra el oxígeno».

Asimismo, las prensas que hoy se utilizan para extraer el zumo de las uvas son muy sofisticadas para evitar que los granos se rompan en forma cruenta. Se utilizan globos u odres de caucho para que, al inflarse, aprieten suavemente a las uvas sobre los cilindros perforados. A través de cuyos agujeros se escurre el mosto por caños, de donde es bombeado a las piletas o vasijas. Todo el proceso se realiza en medio de una atmósfera inerte, otro recurso para que el oxígeno *se cuele* en la elaboración.

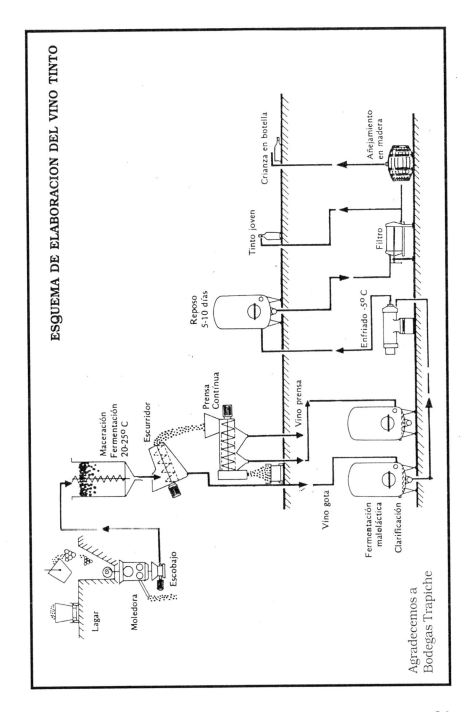

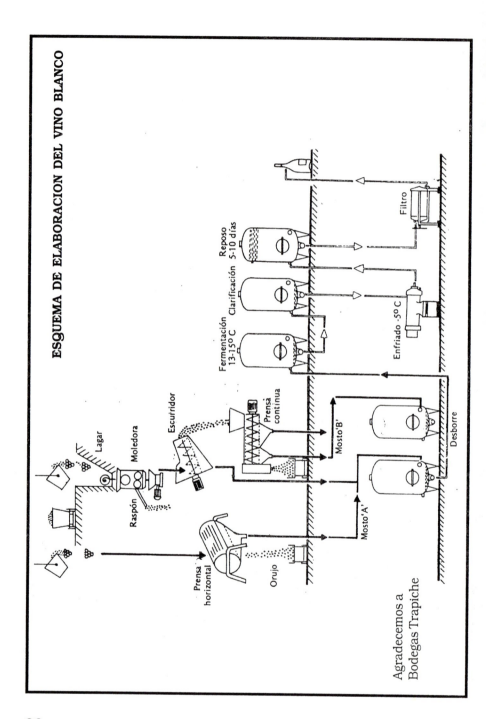

Los vinos tintos no se fermentan a bajas temperaturas, pero en su proceso de elaboración también se toman todos los recaudos necesarios para evitar su oxigenación.

Los vinos — blancos o tintos — que pasan *por madera*, según la terminología actual, es decir que maduran en toneles de roble, durante ese estacionamiento tienen un suave proceso de oxigenación, ya que el oxígeno pasa, en mínimas cantidades, a través de las duelas de madera que forman los toneles. Ese proceso se interrumpe cuando el vino se embotella y es correctamente encorchado. El estacionamiento de los vinos tintos en botella es fundamental para que el vino se asiente, se sosiegue y adquiera su punto óptimo de madurez.

En la botella el proceso químico es de **reducción**, lo que equivale a pérdida de oxígeno, que se filtra al exterior a través del corcho, que aún no está recubierto por su cápsula de plomo o material plástico. Este proceso de desoxigenación es el que lleva a recomendar abrir los vinos tintos un buen rato antes de beberlos, para que «respiren» y adquieran toda su enjundia.

La degustación del vino

Quizás sea éste el capítulo más importante de este Manual, ya que intenta dar alguna respuesta sensata y comprensible para quienes se han acercado hasta él. Los demás capítulos pretenden introducir al lector en lo que podríamos llamar *la cultura del vino*, incluyendo en ella todo aquello que rodea a esta seductora bebida, un magnetismo que induce a los que gustan del vino a saber algo más acerca del mismo.

Si hemos elegido el término degustación y no cata que, en rigor, son sinónimos, es porque el verbo catar tiene una connotación más técnica, más profesional, que degustar, que parece resultar más asequible para el profano. Sin embargo, ya veremos que degustar — o catar — un vino no es más que beberlo con toda nuestra atención puesta en ese acto.

Hugh Johnson, un experto a quien ya hemos mencionado en este trabajo, señala en uno de sus libros lo siguiente: «Mucho vino de buena calidad, incluso gran vino, es desperdiciado. Fluye sobre lenguas y a través de gargantas no sincronizadas con él, no receptivas ante lo que él puede ofrecerles. Personas preocupadas o absortas en una conversación que acaban de ingerir una fuerte bebida alcohólica que ha entumecido su sentido del gusto, o han engullido una ensalada con vinagre que se ha impuesto a aquél; que están resfriadas, o que, simplemente, ignoran dónde radica la diferencia entre un vino corriente y un gran vino. Nada de lo que puede hacer un vinicultor exime de la necesidad de un bebedor sensitivo o interesado».

La degustación, en suma, consiste en convertir un gesto

corriente en un acto reflexivo. Acudamos a una metáfora: no es lo mismo leer una novela que un ensayo. Aquélla narra situaciones, incluye diálogos, describe personajes. El ensayo discurre en el mundo de las ideas, de los conceptos, de las sugerencias y de las abstracciones. Es evidente que la lectura de uno u otro género exige compromisos intelectuales diferentes.

Cuando pretendemos degustar un vino, tratamos de sacar de él el máximo de sus secretos, aquellos que no suelta en un simple sorbo. Es una indagación acerca de los que los expertos llaman características organolépticas, expresión que traducida a lenguaje sencillo, apto para legos, es una operación que se basa en lo estrictamente sensorial: colores, aromas, sabores, es decir una suerte de estímulos físicos y químicos que son finalmente procesados por nuestro cerebro.

En las bodegas, la sala de degustación es la imagen de la austeridad. Son casi monásticas: paredes blancas, sin adornos (ni cuadros, ni posters, ni nada) que puedan distraer la atención de los degustadores profesionales, que suelen ser los enólogos de los establecimientos o catadores profesionales, que no necesariamente son expertos en la química del vino.

Arte no ciencia

La degustación de un vino participa más de las características de un arte que de las de una ciencia, desde el momento en que degustar significa someter al vino al análisis de nuestros sentidos y, por lo tanto, lo que surja de la experiencia será eminentemente subjetivo e improbable de probar.

Los manuales técnicos dicen que en la degustación o cata de un vino intervienen varios factores, a saber:

- El agente es, en rigor, un estímulo, vale decir un agente físico-químico que provoca una excitación, una respuesta del órgano específico, que es el receptor sensorial.

- La sensación, que es un fenómeno subjetivo, ya que es la respuesta o reflejo que resulta de la estimulación de los sentidos.

- La percepción, etapa final, es la toma de conciencia sensorial, es decir la interpretación de las sensaciones.

Es obvio que esta última etapa es la que exige cierto aprendizaje, para que la interpretación sea lúcida, única manera de que la degustación se logre objetivar, en la medida de lo posible.

Cuando decimos que un vino es rico, la definición pasa por un meridiano de apreciación personal. Cuando decimos que es seco o astringente, la opinión se objetiviza, porque se trata de conceptos que pueden ser compartidos, a partir de un patrón que ya no es personal o lo es en menor medida.

El color

El primer paso en la ceremonia de degustación es el color del vino, su apariencia óptica o visual. La mejor apreciación de la coloración de un vino se hace con luz natural, ya que la artificial — en especial si es fluorescente — puede resultar harto engañosa. Hay quienes defienden la clásica y romántica luz de vela sobre un fondo blanco para definir una tonalidad. Es una experiencia un tanto melancólica, pero nuestro viejo amigo, el sol, sigue siendo inmejorable para descubrir sutilezas de tono en blancos y tintos.

El color fluctúa de acuerdo con distintas variables: la cepa de la cual proviene el vino, el tipo de elaboración, la permanencia del hollejo en el mosto, su crianza, vale decir, su pasaje o no por madera (toneles de roble), su edad total — madera + botella — y el modo de conservación del producto en la bodega, en su lugar de expendio y en nuestras casas.

En los vinos tintos, el espectro de color es considerablemente más amplio que en los blancos, ya que van desde el púrpura intenso hasta tonos más castaños, granates o violáceos, pasando por una nutrida gama de intermedios: carmesí, bermellón, rubí, ladrillo, teja, etc. Por supuesto, en esta materia todo parece ser discutible ya que no hay una paleta-patrón a la cual remitirse para calificar con exactitud el color de un vino, salvo en unos pocos casos en los cuales la referencia existe en la realidad, como el rubí y la teja, por ejemplo.

En la industria de la pintura y en la gráfica existe hoy una suerte de panoplia que abarca una infinita paleta de tonos que serviría para identificar con precisión el color de un vino. Pero ese instrumento, que se conoce con el nombre de *pantone*, no ha sido pensado para la industria vitivinícola y solo traería elementos extraños al juzgamiento del color.

El color rojo del vino se origina en unos pigmentos existentes en el hollejo de las uvas tintas, llamados antocianinas, que son extraídos por el alcohol. La intensidad de un color determinado en el producto final depende de cuánto tiempo permanece en contacto el hollejo con el mosto. Un vino rojo intenso, que puede virar hacia al naranja, es indicativo de un vino joven al que le falta madurez. A medida que el color tiende hacia el castaño o al teja, el vino está hablando de añejamiento de algunos años, preferentemente en toneles de roble.

En materia de vinos blancos, la paleta cromática es algo menos generosa. Hoy casi todos los blancos tienden a ser muy claros, pálidos, pajizos, con una transparencia que en épocas pasadas podría haberse calificado de acuosa. Los que se han batido en retirada en una alta proporción son los vinos que tendían al dorado, ya que hoy se los considera mal elaborados, es decir, oxidados, con un exceso de oxígeno en su fermentación. El uso de bajas temperaturas que actualmente se utiliza en los buenos vinos blancos permite disfrutar de productos frescos, muy transparentes y que conservan aromas frutales, florales o especiados muy agradables. Es difícil encontrar vinos velados, es decir ligeramente turbios, un defecto bastante frecuente décadas atrás. Hoy, los procedimientos de filtrado han anulado esa posibilidad. Cabe señalar que en algunos vinos blancos especiales, como el jerez o la manzanilla, pueden darse tonos dorados, que suelen llegar al ámbar.

En algunos vinos blancos de gran transparencia suelen observarse pequeñas burbujas que suben a la superficie, como si se tratara de un champaña con escasa presión. Ello puede deberse a un defecto del vino — fermentación incompleta o mal dirigida — o bien una característica de dichos vinos (presencia en escasas proporciones de anhídrido carbónico). Se trata de vinos que en Francia se denominan *pétillant* y en España *de aguja* y ese tenue burbujeo los torna atractivos al paladar.

El aroma

Así como la vista es el sentido que se encarga de juzgar el color y tono de un vino, el olfato es el sentido que preside el estrado para percibir el aroma, que los franceses llaman *bouquet*. ¿Son aroma y *bouquet* la misma cosa? Parecería que sí ya que muchos expertos utilizan una u otra palabra indistintamente, pero en los hechos parecería que el *bouquet* tiene una connotación más amplia, sería como un aroma que se ha graduado . Desde el punto de vista de la degustación de un vino, el olfato es un elemento esencial. Alguien calificó al mismo «un centinela que libra al paladar de muchas sorpresas». Tanto es así que en muchas bodegas tradicionales el capataz vigila por el aroma la evolución del contenido de las barricas o piletas.

Lo cierto es que el *bouquet* del vino es, en general, un conjunto extremadamente complejo de sensaciones olfativas que captan las personas que tienen ese sentido bien desarrollado y entrenado. Es bueno recordar que la lengua y el paladar, órganos del gusto, no distinguen tantos sabores como aromas percibe el olfato.

Los famosos *nez* (nariz) franceses, que trabajan en la industria perfumera, son capaces de diferenciar mucho más que un centenar de aromas diferentes. Distinta es la amplitud de fragancias que pueden llegar a percibir los expertos en vino.

Quizás sea útil precisar que el aroma o la fragancia de un vino le adelanta al paladar una serie de valiosísimos datos, a la hora de la degustación final. Dicho de otra manera, el aroma del vino dice, casi con seguridad, si el producto es bueno o no lo es. Lo que no puede es cuantificar esa calidad que adelantó, instancia que debe cumplir el sentido del gusto, que está integrado al del olfato.

Brillat-Savarin, el famoso gastrónomo escribió, en 1825, en su célebre tratado sobre *La fisiología del gusto* lo siguiente: «Me siento inclinado a creer que olfato y gusto no son, en realidad, sino un solo sentido compuesto, cuyo laboratorio es la boca y su chimenea la nariz».

Un aspecto fundamental en la apreciación del *bouquet* es la temperatura del vino. El frío aprisiona la fragancia, no la deja manifestarse con soltura y en plenitud. Solamente un largo entrenamiento permite al degustador saber qué hay detrás de ese vino blanco o champaña que llega a nuestras bocas a una temperatura inferior a los 7°C. El frío *enmascara* buena parte de las materias volátiles que llegan a nuestras fosas nasales, de allí que sea relativamente más fácil descifrar el mensaje del aroma de un vino tinto, que llega a nosotros a temperatura ambiente. Allí no hay disfraz ni ocultamiento, se juega a suerte y verdad.

Para percibir el aroma, la copa — preferentemente en forma de tulipán, es decir más cerrada en el borde que en el centro — debe servirse hasta que ocupe una tercera parte de la misma y tomándola del pie se hace rotar el vino, con un suave juego de muñeca, para permitir que los elementos volátiles se liberen. No se recomiendan aspiraciones muy enérgicas, sino largas y suaves. Esa primera percepción, con el correr del tiempo, servirá para catalogar las cepas clasicas: *cabernet*, *malbec*, *chardonnay*, *chenin*, etc. Si, como señalamos más arriba, los *nez* franceses son capaces de retener un centenar de aromas, nosotros, con mayor humildad, podemos aspirar (valga la redundancia) a reconocer una media docena de *bouquet* distintos.

Los expertos distinguen tres tipos de aromas sucesivos: el *primario* u original, típico de los vinos jóvenes, el *secundario*, que alcanza su plenitud gracias a la fermentación y el *terciario*, que va surgiendo paulatinamente y se desarrolla en los años de estacionamiento. El sabor primario recuerda el "olor a bodega", es decir, el característico de la época de la vendimia y prensado de las uvas, que invade todo el ambiente en derredor.

Algunos de nuestros jóvenes e inquietos enólogos han clasificado los aromas del vino, identificando a algunas decenas de *parentescos*.

Clasifican a los mismos en olores vegetales, como frutas y flores (durazno, frambuesa, melón, higos, nueces, violetas, lantanas, etc.); animales (cueros, monturas de caballo) o minerales (yesca, pedernal, salitre). Es un capítulo arduo, en el cual el entrenamiento, la concentración y la buena salud del sentido del olfato cuentan para hacer progresos en la materia.

El sabor

Obviamente, el sabor es la etapa culminante en la degustación de un vino, ya que es el sentido del gusto — asociado al del olfato — quien puede aportar la mayor cantidad de estímulos a las terminales cerebrales de nuestro sistema nervioso.

Nuestras papilas gustativas, situadas en la lengua, pueden determinar muchos gustos diferentes, pero la fisiología — desde hace siglos — sostiene que hay cuatro sensaciones primarias en materia de sabor: ácido, salado, dulce y amargo, que son captados por diferentes grupos de papilas.

En materia enológica, sin embargo, interesan algunos sabores y no otros. Un gusto amargo o uno más bien salado están revelando defectos y no características de los vinos. Conviene recordar, asimismo, que, en materia de vinos, lo opuesto a dulce no es amargo, sino seco. Un vino seco es aquél que revela un bajo contenido de azúcar, pero en esta sutil materia hay otros factores a tomar en cuenta, aparte del tenor sacarino. En efecto, una mayor acidez será, sin duda, un factor de corrección de la impresión sensorial referida al

PLANILLA DE CATACION

Fecha: _____
Degustador: _____
Muestra: _____

		MALO		REGULAR		BUENO		MUY BUENO		EXCELENTE		CIFRA DE LA COLUMNA MARCADA CON UNA CRUZ	COEFICIENTE DE MULTIPLICACION	RESULTADO DE LA MULTIPLICACION	OBSERVACIONES DEL DEGUSTADOR
		0	1	2	3	4	5	6	7	8	9	10			
OJO	COLOR - LIMPIDEZ													1		
NARIZ	OLOR													2		
BOCA	GUSTO - SABOR TACTO - FIN DE BOCA													3		
EQUILIBRIO - ARMONIA														4		

TOTAL DE PUNTOS

SEÑALE CON UNA (X) LAS CASILLAS QUE EXPRESEN SU OPINION

Agradecemos a Bodegas Fichman

azúcar. A igualdad de tenor sacarino, parecerá más seco aquel vino que tenga mayor grado de acidez.

La acidez confiere nervio y carácter a los vinos, sean blancos o tintos y suele ser un factor determinante en buena proporción de la selección que efectúa el consumidor. Hay personas que no toleran una acidez elevada y también hay quienes buscan esa característica, privilegiándola sobre otras.

Más allá de los sabores básicos, el paladar es el encargado de determinar el *cuerpo* de un vino, un concepto algo complejo, ya que es la resultante del contenido alcohólico y otros elementos como extractos, tanino, glicerina, etc. La gente suele, por lo general, confundir *cuerpo* con *color*: califica un tinto cuyo tono vira al granate como un producto de buen cuerpo. Sin embargo, hay vinos de coloración más suave, de tonos intensos y brillantes, que tienen un cuerpo respetable.

Otro elemento que nos aporta el gusto es el equilibrio de un vino, es decir la armonía, el balance entre cuerpo, acidez, tenor alcohólico y otros componentes químicos. En los vinos genéricos nos informa el adecuado "casamiento" — o no — entre los distintos cortes.

Cómo se bebe un vino para degustarlo

En primer lugar, la punta de la lengua o los labios nos dirán si la temperatura es la correcta, si el vino tiene presencia o es anodino.

A continuación se bebe un buen sorbo y se lo mantiene un momento en la boca. Se aspira algo de aire para que el vino burbujee en el centro de la boca. Ello equivale a producir una mueca semejante a la que los labios hacen cuando apresan la bombilla del mate. En ese momento y el posterior trago es cuando los aromas suben hasta las fosas nasales y se tiene la sensación de que se está bebiendo y *respirando* el vino al mismo tiempo. Según su tipo y calidad los sabores y aromas permanecen más o menos tiempo en el complejo paladar-olfato.

Finalmente, otro dato importante en este tercer estadio de la degustación es el regusto o retrogusto (el *après* de los franceses) que es la perduración del sabor en nuestra boca. Hay vinos *cortos* y *largos*, según la perduración en nuestro paladar. Dijimos que, en Francia, esa condición del vino se llama comúnmente *après*, pero también se la conoce como *arrière-gout* que vendría a ser como el gusto del después. Lo que nosotros llamamos retrogusto en España se conoce como *acabado*. En todos los casos nos referimos al recuerdo que el vino deja en el paladar. Puede ser pleno, limpio y terso — propio de los grandes vinos — o aguado e insustancial.

Repasemos lo dicho a lo largo del capítulo: beber con toda la concentración posible, haciendo del probar el vino un acto reflexivo. Seguir las instrucciones que hemos pretendido reseñar para el aspirante a conocedor y luego: paciencia y entrenamiento. Lo demás viene por añadidura.

 Los vinos genéricos o de corte

Desde hace un buen tiempo, se vienen llamando *vinos genéricos* a aquéllos logrados a partir de dos o más cepas diferentes, en oposición a los vinos varietales, que se elaboran utilizando una sola cepa o variedad.

Quién escribe esto prefiere llamar *vinos de corte* a los no varietales por una suerte de pulcritud gramatical, ya que género, según el diccionario, es un conjunto de cosas semejantes entre sí por poseer uno o varios caracteres esencialmente comunes. En lógica, también se aprende que el género tiene más extensión que la especie. Todo ello me indica que si las variedades de uva son especies, el género debería ser una uva madre que las abarca a todas. Lo único que entra en esa categoría es la *vitis vinífera*, es decir el tipo de uva apto para vinificar. En suma, para este autor, la suma de dos o más cortes de uva no convierte a un vino en genérico. O, dicho de otra manera, la suma de algunas especies no constituye un género, ya que éste, por definición, debería abarcarlas a todas.

Abandonemos la Real Academia Española y dejemos la polémica para quien quiera seguirla. Digamos que antes de que surgieran los vinos varietales, los que provenían de un corte de dos o más cepas — algo típico de los vinos de la zona francesa de Burdeos — no tenían en sus etiquetas la indicación de genéricos. Eran simplemente vinos finos tintos o blancos. En algunos casos, los menos, la contraetiqueta informaba las cepas que integraban el corte (jamás las proporciones). En otros, se dejaba a la sapiencia del bebedor el determinar cuáles habían sido las cepas que habían intervenido en el *coupage*, que es la expresión francesa que designa a lo que, en definitiva, albergará la botella de vino genérico o de corte. Hay cortes sencillos (*cabernet-merlot* o *chardonnay-chenin*) y otros sumamente complicados. Algunos *Châteauneuf-du-Pape*, típicos de la zona del Ródano, en el sur de Francia, son el resultado de la conjunción de más de una docena de cepas diferentes.

Muchas de nuestras bodegas son partidarias a ultranza de esta manera de elaborar vinos. Por ejemplo Bodegas y Viñedos López. Ninguno de sus vinos (Rincón Famoso, Chateauviex o Chateau-Montchenot) son varietales. Son el resultado de una sabia mezcla, escondida bajo siete llaves, como en los cuentos de hadas que nos leían en nuestra infancia. Sólo el Selección blanco es varietal: 100 % semillón.

El corte de dos o más variedades nunca ha sido el capricho del vinicultor. Por el contrario, es una costumbre que se pierde en la historia y que siempre tuvo como objetivo lograr productos mejores. El *Cabernet Sauvignon*, que es reconocida como la reina de las variedades tintas, no es un vino fácil. Recién elaborado es agresivo, montaraz, muy tánico, características que se advierten en una notoria astringencia, de la cual dan buena cuenta nuestras encías. Para suavizar esas aristas que le son propias, en Burdeos cortan al *Cabernet Sauvignon* con *Merlot*, una cepa que es algo así como primo-hermana de la anterior, pero mucho más suave y elegante. También utilizan a nuestra conocida Malbec, que le otorga vinosidad, pero también redondea su paladar. El arte del *blend* o *coupage* que es precisamente encontrar las proporciones exactas de cada cepa para que el producto sea equilibrado y, en resumen, mejor que la suma de las partes, es un arte varias veces centenario, pero logra su apogeo a partir del siglo pasado, precisamente en Burdeos.

Por supuesto, el corte de vinos no es patrimonio de Francia, tanto en los tintos como los blancos. También se practica en Italia, en España y, obviamente en nuestro país, que siguió tradicionalmente las prácticas y costumbres europeas. Los grandes vinos de la historia, desde los clásicos Mouton-Rostchild o Chateau Lafitte, como también los vinos-base para la elaboración de los mejores champagnes, son producto del corte de distintos vinos procedentes de diversas cepas.

En todos los casos o, por lo menos, en los más numerosos hay una cepa predominante que integra aproximadamente del 40 al 50% del vino definitivo. Las que se utilizan para cortarlo le agregan virtudes o suavizan y redondean la naturaleza de la variedad principal.

Con estas reflexiones queremos advertir al lector no suficientemente informado que no es correcto afirmar que los vinos genéricos son superiores a los varietales o viceversa. En materia de paladar todo es eminentemente subjetivo ya que son nuestros sentidos — distintos en cada ser humano — los que señalarán las preferencias. Hay quienes optan por los vinos capitosos, densos, avasallantes, y quienes se inclinan por los suaves, simples, poco estructurados y fáciles de beber.

Los vinos varietales y la «revolución» californiana

A comienzos de la década del '70, algunos bodegueros de nuestro país comenzaron a observar con marcado interés lo que ocurría en el norte de California, Estados Unidos de Norteamérica, zona donde venía desarrollándose una silenciosa pero persistente revolución tecnológica en la industria vitivinícola, tradicionalmente apegada a lo artesanal, (en las principales regiones vitivinícolas, los valles de Napa y Sonoma, zonas cercanas a San Francisco).

Más allá de la tecnología, lo que comenzaba a tener vigencia era una suerte de «filosofía vinícola», que, sin apartarse en lo fundamental de lo que tradicionalmente se hacía en el resto del mundo, planteaba algunas premisas muy claras y contundentes, que podrían resumirse en los siguientes puntos:

* Cepajes muy bien seleccionados en las zonas de origen, fundamentalmente Francia, pero también España, Italia y Alemania. Las estacas importadas comenzaron a plantarse con profusión, a punto tal de que hoy superan las 200.000 hectáreas, guarismo muy similar al que se registra en la Argentina que tiene una tradición vinícola más antigua que la californiana.

* Suelos ecológicamente aptos, con buen drenaje y ubicados en zonas que registran un promedio de lluvias más bien escaso. Lo que el cielo no brinda se suple con regadíos bastante sofisticados.

* Vendimias producidas en el mejor momento de maduración de las uvas.

* Recolección de los racimos en forma extremadamente

cuidadosa para evitar el maltrato del grano de uva que debe llegar al lagar en las mejores condiciones posibles.

* Fermentación a muy bajas temperaturas para los vinos blancos, para evitar que la misma sea tumultuosa, lo que le quitaba buena parte de las cualidades que aportaban las vides adecuadas.

* Escasa o ninguna madera para los vinos tintos. En caso de pasar por madera los vinos maduran no más de seis meses en toneles de 225 litros de capacidad, de roble nuevo.

* La última, pero la más importante de las nuevas técnicas californianas fue la de elaborar vinos a partir de una sola variedad (o cepa) de uva, de allí el nombre de *varietales*. En algunos casos la variedad predomina — en un 75 a 80% del total — y el resto se completa con otras cepas que permiten mejorar o, como suele decirse, *redondear* el paladar del producto final. Sin embargo, la gran mayoría de los vinos varietales californianos son 100% de una sola cepa.

Los vinos así obtenidos son frutados, equilibrados, de un paladar muy neto.

El auge del vino varietal, que comenzó en California pero se extendió a casi todas las regiones vitícolas importantes del mundo fue una suerte de *apartheid* de las cepas, que parecen aspirar a no mezclarse con sus congéneres.

En California, los mejores varietales proceden de las dos cepas consideradas de mayor estirpe: el *Cabernet-Sauvignon* en los tintos y el *Chardonnay* en los blancos. Pero el varietal más extendido está elaborado por una cepa que no conocemos en la Argentina. Se trata de la *Zinfandel*, que vendría a representar en el país del norte el papel de nuestra *Malbec*, una variedad que se cultiva en grandes extensiones y tiene un rinde superior a las cepas más arriba mencionadas. Sin embargo, allí se acaban las similitudes: los sabores de la *Zinfandel* y de la *Malbec* no tienen nada de parecido. Ambos son personales, agradables y plenos, pero totalmente distintos.

Aquella «revolución enológica» hizo que varios bodegueros, como señalamos al comienzo, visitaran California, recorrieran las instalaciones de las bodegas elaboradoras de varietales, hablaran con sus enólogos, consultaran con los técnicos de la Universidad de Davis, especializada en enología, y decidieran importar la filosofía y las maquinarias para implementarlas.

En nuestro país hizo punta en este tipo de vinos Bodegas San Telmo, la cual, después de unos 10 años (selección de cepas importadas, implante de las mismas, construcción de la bodega, incorporación de maquinarias, tiempo de maduración de las vides y producción de las primeras cosechas), lanzó en 1983 tres varietales: *Cabernet-Sauvignon, Malbeck* y *Chenin*. Posteriormente anexó a su línea un *Chardonnay* y un *Merlot*. Tuvieron un éxito muy halagador pues se trata de vinos de una personalidad muy definida y sabores marcados, que gustan a una franja considerable de consumidores. En cierta manera, recuerdan a los vinos argentinos de la década del 50 o 60, que se caracterizaban por ser caudalosos y de mucho cuerpo.

A San Telmo le siguió Casa Palmero, cuya marca «Granja de Samaniego» estaba integrada por una línea de cuatro varietales: dos tintos, *Cabernet-Sauvignon* y *Merlot* y dos blancos *Chardonnay* y *Chenin*.

Es curioso señalar que tanto don Sigifredo Alonso, creador de San Telmo, como los hermanos Palmero no eran ni descendían de bodegueros. El primero fue un exitoso distribuidor de gaseosas y los segundos estaban en el negocio de maquinaria agrícola.

Posteriormente se incorporó Bodegas Martins, apellido muy conocido en la familia vitivinícola, porque don Rui Martins, inmigrante portugués, era fabricante y proveedor de corchos de elevada calidad. La bodega fue manejada desde el comienzo por su hijo, Juan José «Tito» Martins. De entrada hicieron una fuerte apuesta ya que sacaron simultáneamente al mercado seis varietales de excelente relación precio calidad: tres tintos, *Cabernet-Sauvignon, Malbeck* y *Merlot* y tres blancos, *Chardonnay, Sauvignon Blanc* y *Chenin*.

Casi simultáneamente, otra bodega se plegó a la corriente varietal: Leoncio Arizu, con su marca «Luigi Bosca» que siguió una línea diferente de penetración en el mercado. El conductor de la bodega, Ing. Alberto Arizu, reputado ingeniero agrónomo, respetando el principio de que «el vino nace en el viñedo», hizo un cuidadoso trabajo con sus vides, tendiendo desde el inicio a lograr vinos orgánicos, es decir, viñas que se alejen de los abonos o plaguicidas sintéticos. Hoy su línea, muy depurada en calidad y presentación, acumula siete vinos. Los tintos son: *Cabernet-Sauvignon, Malbeck, Pinot Noir* y *Syrah* y los blancos: *Chardonnay, Sauvignon Blanc* y *Riesling Renano*.

En la actualidad son escasas las bodegas que no tengan dentro de su línea de vinos muy buenos varietales, aunque no todos siguen la elaboración californiana. Trapiche produce *Malbeck, Pinot Noir* y *Chenin* en la franja de precio medio y en un mayor nivel los dos «Fond de Cave»: *Cabernet-Sauvignon* y *Chardonnay*. También Bodegas y Cavas de Weinert complementó su línea de vinos de corte con varietales de muy buen nivel: *Cabernet, Merlot, Semillón, Pineau de la Loire* y *Chardonnay*.

La lista de varietales mencionada no es taxativa, sino meramente enunciativa, ya que existen otras muchas bodegas que producen estos vinos en muy buen nivel (Esmeralda, Orfila, Santa Ana, etc.)

Las cepas más utilizadas en la Argentina

La elaboración de vino en nuestro país tiene algunos siglos de existencia, ya que las primeras estacas de vid fueron plantadas por los jesuitas en 1557, pero recién en el último cuarto del siglo pasado se comenzó la producción de vino en forma que podríamos calificar como «profesional». Hay varias bodegas centenarias, si bien la gran mayoría tienen orígenes más cercanos.

La vitivinicultura en la Argentina fue iniciada por los inmigrantes que llegaron al país a fines del siglo XIX y, entre ellos, principalmente los italianos y, en segundo lugar, los españoles y alemanes. Curiosamente, el aporte de los franceses tardó en llegar, pero hoy es muy importante, no tanto por el número de bodegas, sino por sus exigencias en materia de calidad y sus conocimientos en materia enológica, su contacto con la tecnología moderna y su experiencia en comercialización.

Pese a que el mayor aporte estuvo en manos de los italianos, las cepas traídas por éstos son, en su mayoría, oriundas de Francia, quizás porque eran franceses los vinos que bebían las clases acomodadas argentinas en los albores de nuestro siglo.

A continuación haremos un listado de las cepas más abundantes y frecuentes en la Argentina. La lista no es taxativa sino enunciativa. Recordemos que hay más de 5.000 variedades de uva en el mundo y menos de un centenar son las vinificables.

CEPAS BLANCAS

Chardonnay: Se la considera la de más alta jerarquía entre sus congéneres. Se la utiliza para elaborar los más finos varietales blancos y suele ser la base de algunos blancos genéricos y de las más relevantes champañas locales. Produce vinos ricos, equilibrados, con buen aroma y sabor y notable persistencia. En Francia es la uva utilizada en la denominación de origen Chablis, de renombre universal.

Chenin: Es la más extendida de las variedades finas blancas. Durante años se la confundió con la *Pinot blanc*, pero la equivocación fue corregida oportunamente por el Instituto Nacional de Tecnología Agropecuaria (INTA), entidad que ha realizado un colosal esfuerzo en materia ampelográfica, que es la disciplina científica que estudia las variedades vitícolas. En nuestro país esta cepa logra muy buena calidad y a partir de ella se obtienen vinos pálidos, elegantes, de singular finura. Algunos expertos opinan que la *Chenin* y la *Pinot de la Loire* son dos denominaciones para una misma cepa. Otros sostienen que son hermanas parecidas, pero no gemelas.

Sauvignon o Sauvignon Blanc: Luego de la *Chardonnay*, es la variedad más fina. Se prefiere cosecharla no muy madura para conservar su acidez, la que le confiere particular sequedad. En Francia, cortada con la *Semillón*, produce los mejores vinos blancos de Burdeos.

Semillón: Durante mucho tiempo, esta cepa fue menospreciada en nuestro país porque se elaboraban vinos de baja calidad con ese nombre, pero indudablemente se trataba de otra cepa o una pésima elaboración. Hoy, sin embargo, se la reconoce por la calidad de los vinos elaborados con ella. Particular plenitud logran los elaborados con *Semillón* en la región de Río Negro. Por ejemplo el varietal de Canale, una audacia de Guillermo Barzi.

Riesling: Cepa un tanto conflictiva en nuestro país ya que no se sabe, a ciencia cierta, cuál es el origen de los vidueños implantados: si son del Rhin o de Alsacia o se trata del tokai (o tokay) friulano, cuyo origen es italiano y no húngaro, que es la patria del tokai conocido internacionalmente. Los vinos procedentes de la *Riesling* auténtica, tienen un aroma inconfundible y suelen mostrar un suave dulzor natural que los hace muy elegantes.

Traminer: Esta cepa procede de Alsacia, donde se cultivan dos especies, que son algo así como primas-hermanas: la *Traminer* propiamente dicha y la *Gewürztraminer*, con clásico sabor especiado. Hay poca producción en el país.

Torrontés: Quizás sea la cepa más distintiva de los vinos argentinos — incluyendo blancos y tintos —, ya que prácticamente la Argentina es el único país que la produce. Se ha dicho, en el ambiente vitivinícola, que la *Torrontés* es la «Maradona o el Gardel» de las uvas, porque por ella nos identifican en el mundo. Existen en esta cepa dos tipos fundamentales: la riojana y la mendocina, si bien algunos expertos sostienen que existe un tercer tipo: la sanjuanina. Con la variedad riojana, la más representativa, se elaboran los *Torrontés* de Cafayate, Salta y, por supuesto, los riojanos. Los vinos elaborados a partir de esta cepa han obtenido numerosos galardones internacionales. Su sabor, tan diferente al de otros blancos, ha seducido a los catadores de muchos países.

Ugni Blanc: Se la utiliza en muchos cortes de vinos blancos e integra el *coupage* de muchos vinos — base para la elaboración de champaña —. En Italia se la conoce como *Trebiona* y en Francia como *Saint Emilion blanc*. En los champañas se la utiliza para levantar naturalmente el índice de acidez.

Pedro Ximénez: El INTA ha declarado que la uva que se cultiva en nuestro país bajo ese nombre no es igual a la que producen otros países. Difícilmente se la utiliza sola, pero sí es una excelente base para los vinos llamados jerez o manzanilla en nuestro país.

CEPAS TINTAS

Cabernet-sauvignon: como la *Chardonnay* entre las blancas, ésta es «la reina» de las variedades tintas. Integra — sola o acompañada — la mayor parte de los vinos finos argentinos de mayor calificación. Es una cepa difícil, un tanto arisca y bravía, nada fácil de domesticar. Con la edad, acrecienta su *bouquet* y atenúa su natural astringencia, que procede de un alto contenido de tanino. Requiere una cuidadosa elaboración, pero los resultados que se obtendrán justifican esa dedicación. En Francia, esta variedad produce los mejores tintos de la apelación de origen *Medoc*. También suelen obtenerse de ella buenos resultados en California, Chile y Australia.

Merlot: Es un cepaje muy distinguido y genéticamente es pariente de la *Cabernet-Sauvignon*, con la cual «se casa» muy bien, ya que le confiere frutado, elegancia y redondez. Produce vinos varietales de notable finura y personalidad, pero, por lo general, integra cortes con la citada *Cabernet-Sauvignon* y la *Malbeck*, que es tradicional en los grandes vinos de Burdeos. Una cepa sutil, pero con un cuerpo nada desdeñable.

Malbeck: Es la cepa más extendida y característica de nuestra vitivinicultura tinta. En nuestro país la *Malbec* (o *Malbeck*, ya que no hay coincidencia sobre la correcta grafía de esta variedad) ofrece características realmente excepcionales, especialmente en el departamento de Maipú, Mendoza, y en particular en las localidades de Cruz de Piedra, Luján de Cuyo y Vistalba. Podría decirse que es el «caballito de batalla» de innumerables vinos argentinos y, en tiempos lejanos, también se utilizaba esta cepa para vinos de mesa.

Todavía no se habían percatado de que, bien elaborada, podía dar vinos de calidad superior. Hoy son múltiples las bodegas que descubrieron la bondad de esta variedad y obtienen vinos que han logrado importantes lauros en certámenes internacionales. Los expertos opinan que la *Malbec* logra mayor calidad en nuestro país que en Francia, que es su lugar de origen. También lo admiten los franceses, lo que no es poco decir, teniendo en cuenta su exacerbado orgullo nacional.

Pinot Noir: Es la cepa con la cual se elaboran los mejores vinos de la Borgoña francesa. En nuestro país su cultivo se va extendiendo (hasta hace poco había escasas hectáreas plantadas con esta variedad). Los gustadores y conocedores argentinos están aprendiendo a valorar esta cepa, que puede producir vinos de singular calidad, si bien son más difíciles de aceptar en una primera instancia, en función de la sutileza y la amplia gama de sabores elegantes. Los expertos recomiendan destapar los vinos elaborados a partir de esta variedad con bastante anticipación — hasta 24 horas antes — para que se oxigenen y adquieran la plenitud de su peculiar paladar.

Syrah: También conocida como *Sirah* o *Petit Sirah*. Se la supone oriunda de la antigua Persia, de la zona de Shiraz (de allí la evolución de su denominación), desde donde habría sido llevada a Francia por los Cruzados. En el país galo es la base de los vinos de la zona de Cotes du Rhone y del famoso *Châteauneuf-du-Pape*, quizás el de mayor renombre fuera de las zonas de Burdeos y Borgoña. En nuestro país, varias bodegas han comenzado a elaborarla como varietal con resultados muy halagadores. Tiempo atrás, esta cepa fue confundida con la *Balsamina*, de origen italiano, con la que mantiene cierto parentesco.

Barbera d'Asti: También con esta cepa hubo una larga confusión con la variedad *Bonarda*, que no llega a sus niveles de calidad. Proviene de la zona del Piamonte. En nuestro país se la cultiva cerca de San Rafael, al sur de Mendoza, zona de buenos vinos. Da un vino de buen color y cuerpo pero con escasa elegancia. Se la utiliza más para cortes.

Lambrusco: Los expertos del INTA dicen que la uva conocida en nuestro país como *Lambrusco*, que en Italia da origen a vinos frutados y ligeramente *frizzantes*, es, en realidad, la variedad *Refosco*, de menor calidad. Produce vinos de subido color pero mediocre sabor. En cortes es utilizada precisamente para mejorar el color de los vinos.

Sangiovese: Cepa tipicamente italiana, es la que da origen al famosísimo Chianti. En nuestro país se da muy bien. Tiempo atrás se la confundía con el Lambrusco, error que corrigió el INTA.

Gustos

El vino y el lenguaje

A todos los que nos interesa el mundo del vino y escribimos sobre él se nos presenta, tarde o temprano, un problema recurrente: como comunicar a los demás nuestra percepción sobre una serie de elementos intrínsecos de la noble bebida que, cómo parten de nuestros sentidos, son difíciles de objetivar.

Pierre Bréjoux, un experto francés en materia enológica escribió en la *Revue du Vin de France*: «La primera dificultad que afrontan nuestros catadores es la de encontrar y traducir a un lenguaje escueto y conciso, las cualidades y defectos de un vino...»

Como se ve, el problema no es personal, sino universal.

Hablemos de algo simple: el color. ¿Podemos ponernos de acuerdo sobre términos tales como carmesí, púrpura, rubí, bermellón, etc.? Y sin embargo el color no es el tema más conflictivo, ya que podríamos hallar referencia en una paleta cromática que existe para catalogar colores, como se señala en otro lugar de este trabajo.

El problema se torna más complicado cuando pasamos al olfato o al gusto, ya que describir aromas o sabores choca contra más subjetividades que el color.

Otro experto, Michael Broadbent, británico y autor de un famoso libro *Wine Tasting* se refiere al tema y en uno de los párrafos señala: «Lo que despertó mi conciencia (sobre las dificultades) fueron una serie de contradicciones efectuadas por colegas míos en cierta ocasión. Se me antojaba entonces que si los profesionales expertos, igual que los neófitos, podían disentir en cuanto al cuerpo, ligereza, sequedad, etc. de un

49

vino, se trataría menos de un problema sensorial que de una cuestión semántica: o ligereza en el uso de vocablos o una impresición alarmante».

En función de esa disyuntiva, Broadbent propone que haya vocablos "básicos" y vocablos "fantásticos" (quizás sería más correcto fantasiosos). En los primeros incluye una lista de términos que utilizamos cuidadosamente y que están cargados de sentido para los catadores o degustadores que cuentan con un mínimo de adiestramiento y experiencia. Por ejémplo: ácido, frutado, áspero, nervioso, limpio, seco, tánico, equilibrado, etc.

También hace un listado de términos de uso común que deben emplearse en un contexto determinado, tales como apagado, carnoso, corpulento, denso, maduro, neutro, opaco, redondo, tosco, etc.

En cuanto a los términos o vocablos "fantasiosos" son aquellos impregnados de poesía, literatura, metáforas y analogías. De acuerdo con estas licencias un vino puede recordarnos «la gracia del sauce plateado», el «señorío o la magnificencia del haya de hojas púrpuras», la «majestad del roble», etc., si apelamos a remembranzas botánicas.

Por supuesto, cuanto más nos aproximamos a la poesía, más nos alejamos de la precisión enológica. Desde el punto de vista de la semántica, siempre será preferible decir que tal o cual vino tiene un ligero gusto a pasas secas de ciruela o un aroma a cuero de cerdo, a que nos recuerda la campiña del sur de Inglaterra o la gracia de los bocetos tunecinos de Delacroix, con lo cual hemos vuelto al punto de partida. La descripción del gusto nos conduce a lenguajes cerrados, como los que utilizan con harta frecuencia ciertos críticos de artes plásticas, que nos llevan a la perplejidad.

Si nosotros, los que estamos unidos al vino como simples gustadores o eventualmente conocedores, tenemos ese problema de lenguaje, imaginen cuál será el de los enólogos, que son expertos en la química del vino y de su elaboración, cuando quieren dirigirse a los consumidores de su producto. Ellos no pueden eludir el vocabulario técnico y nosotros nunca sabremos qué son los polifenoles o la fermentación maloláctica.

Pensar que en nuestro lejano secundario los profesores de química nos torturaron con las valencias o el ciclo bencénico que en nada incrementó nuestro conocimiento del mundo y nadie nos inició en esos polifenoles y el ácido láctico, que tienen tanto que ver con el vino, ingrediente sustancial en la vida de los que gustamos de él...

Sin embargo, algunos enólogos, conscientes del problema, tratan a veces de superar esta barrera. En cierta oportunidad, en Río Negro, Ángel Antonio Mendoza y Juan Carlos Rodríguez Villa, enólogos de Trapiche y de Fincas Flichman, respectivamente, levantaron las banderas de la fermentación maloláctica y la maceración carbónica y al observar la «cara de póker» de su auditorio, cambiaron de tema y hablaron sobre la juventud y longevidad de los vinos, temas que fueron comprendidos por un conjunto de oyentes atentos y dispuestos a acrecentar su conocimiento con tan ilustres profesores.

*Grabado alemán del siglo XV.
Cultivo de la vid en la zona de Borgoña.*

Champagne

El Champagne, príncipe de los vinos

Decir que el *champagne* es el príncipe de los vinos es un socorrido lugar común, pero, en este caso, lo común no quita lo acertado, si tenemos en cuenta los ríos de literatura que ha hecho correr desde que aquel iluminado abate, Dom Perignon, descubriera, prácticamente por azar, el método *champenoise* de segunda fermentación en botella y manifestara, al probar el producto por él obtenido, «estoy bebiendo estrellas», una bella y poética metáfora para referirse a las características burbujas que cosquillean sobre la lengua.

Hasta hace relativamente poco tiempo, este exquisito vino efervescente estuvo asociado a las ideas de felicidad, plenitud, alegría, euforia o celebración. El champaña (castellanización que adoptamos con ánimo de licencia poética) siempre fue el encargado de los brindis y los buenos deseos, de los casamientos, los nacimientos, los aniversarios y los fines de año, pero desde hace algún tiempo, no mucho más allá de una década, los gustadores de este vino singular advirtieron que su sutileza y su ecumenismo bien podían aprovecharse más cotidianamente, sin esperar ocasiones especiales ni entrechocar de copas.

Hoy, el champaña se ha impuesto como aperitivo, ya que su suavidad y la alegría de sus burbujas predisponen al paladar mejor que otras bebidas o cocteles, cuya contundencia y dosaje alcohólico sirven más para anestesiar las papilas gustativas que para estimularlas.

Antes de entrar en tema es menester una indispensable precisión: el *champagne* es un vino espumante que solamente se produce en la región del mismo nombre, en la zona septentrional de Francia. Reims es la capital de este nobilísimo vino y Epernay la segunda ciudad champañera. Todos los vinos espumantes que se producen en el resto del mundo de alguna manera «usurpan» esa denominación, aunque no lo hagan con un espíritu fraudulento.

En *Champagne*, Francia, el tradicional producto se elabora a partir de tres cepas que integran el vino-base. Las tres son variedades de la cepa *Pinot*: la *Noir* (la principal de la zona de Borgoña), la *Meunière* y la *Chardonnay*. Las dos primeras son variedades tintas que se vinifican «en blanco» — es decir, retirando rápidamente el hollejo de los granos para evitar su coloración —. La *Chardonnay*, como sabemos, es blanca y cuando el *champagne* está elaborado solamente con esta última uva se obtiene lo que los franceses denominan un *blanc de blancs*.

Todas las grandes marcas francesas y varias de nuestro país utilizan el método *champenoise*, que describiremos someramente a nuestros lectores.

Partiendo del vino-base, que tendrá el corte o *coupage* elegido por sus elaboradores, se le agregan elementos tales como azúcar y levaduras seleccionadas, se lo embotella y tapona. Allí comienza la segunda fermentación, que dura varios meses y lleva la presión del vino a unas seis atmósferas, lo que suele hacer estallar no pocas botellas. En ese estadio de su elaboración, el vino se va clarificando. Luego pasa a unos pupitres, muebles de madera resistente, con una inclinación que mantiene los cuellos hacia abajo. A partir de allí, las botellas son movidas desde la base, como si ésta fuera el dial de una radio. Todos los días se le da un octavo de vuelta. Esta operación, llamada en francés *remuage*, puede durar de seis semanas a tres o cuatro meses.

Cuando la segunda fermentación termina se produce el *dégorgement* es decir el degüelle de la botella. Hoy, esa operación se efectúa congelando el cuello de la botella, donde se han acumulado las heces del vino. Se extrae esa suerte de «corcho de hielo» que arrastra sedimentos, levaduras y algo del producto. Esa pérdida se repone agregando el mismo vino-base y el llamado licor de *expedición* o *licor de tiraje* que está compuesto por champañas añejados, azúcar cande y hasta coñac. De la proporción que se agregue como licor de expedición resultará el tipo de champagne a obtener: nature, extra-brut, brut, seco, demi-sec o dulce. Los más secos tienen una proporción de azúcar inferior al 1,5% y los dulces superan el 8%.

Corresponde señalar que los champañas más secos (del nature al brut) son los que se utilizan para acompañar comidas. Los demás son los encargados de «regar» los postres o para el brindis final de una comida, ya que un paladar estragado por distintos tipos de comida no está en condiciones de apreciar un champaña más seco.

Luego del degüelle y el agregado del licor de expedición viene el encorchado definitivo, que exige corchos de gran calidad (algunos tienen tres capas de corchos diferentes, tan bien pegadas que el ojo desprevenido no puede distinguir las uniones). El alambre o bozal sirve para contener el corcho — sometido a considerable presión — y evitar desencorchados espontáneos. El corcho suele impregnarse en las paredes cilíndricas, aprisionadas por el cuello de la botella con parafina, que facilita un descorchado no traumático.

Digamos que la operación de degüelle, años ha, era mucho más «salvaje» ya que la botella era cortada en su cuello por un machete bien afilado con un golpe certero dado por un «verdugo» experto. Demás está decir que había que pasar el líquido a una botella nueva y la pérdida de champaña era considerablemente mayor a la que se produce con la actual tecnología.

Volviendo a nuestro país digamos que la uva más frecuentemente empleada para los buenos champañas locales es la *Chardonnay*, cortada con la *Ugni blanc*, la *Chenin* y, en algunos casos la *Riesling*.

Argentina elabora champaña desde hace largo tiempo. En la *belle époque* las clases más adineradas sólo bebían *champagne* francés, sobre todo tres conocidas y afamadas marcas:

Pommery, Moet & Chandon y Veuve-Clicquot. Décadas atrás, los memoriosos recuerdan, entre los nuestros, al Garré de Gargantini, el de Arizu y el Crillón y el F. Bastiat, de Benegas Hnos. Pero la expansión se produjo luego de la llegada al país de M. Chandon, que lidera el mercado y, en buena medida, ha logrado que sus productos formaran el paladar argentino en la materia. Más tarde llegaron a la Argentina otras casas francesas champañeras, asociándose con empresas locales: Piper-Heidieck se asoció con SAVA (Gancia) para producir su Henri Piper primero, luego su Extreme, una *cuvée* especial y más recientemente su Brut de Brut. G. Mumm se unió con Seagram para elaborar el Domaine Mumm y el Couvée Mumm, y Deutz & Geldermann se asoció a Navarro Correas.

Orgullos y nacionalismos aparte, el hecho es que los *champagnes* o champañas han sentado sus reales entre nosotros y prometen extenderse, ya que toda bodega importante tiende hoy a tener su champaña y pone sus mejores esfuerzos para lograrlo lo mejor posible. Toso — desde hace muchos años — elabora su champaña y también lo hace para otras marcas, Santa Ana produce su Villeneuve, Flichman su FF 1910, Martins y San Telmo con su nombre y muchas otras ya exhiben buenos productos, que en muchos casos son vinos-base elaborados por las bodegas y mandados «champanizar» a una empresa especialista.

El consumo *per cápita* de champaña en nuestro país está en leve alza, pero lo que se observa en el mercado es que el consumidor va paulatinamente abandonando los productos de menor nivel y va hacia los mejores. Como se ve, la educación del paladar es irreversible.

Ceremonias

# De copas y temperaturas

El acto de servir los vinos tiene su lado ceremonioso y un costado absolutamente sensato que no se debería transgredir, por razones que pronto vamos a comprender.

Vamos a considerar dos factores: el «continente» en el cual hemos de servir el vino y la temperatura que debe tener el producto.

El degustar un vino o agasajar a alguien con él tiene un componente psicológico que no hay que desdeñar, ya que son los detalles los que hacen que ese acto sea placentero, recordable u olvidable y hasta abominable. Hay personas que pueden tomar un vino de categoría en simples vasos de vajilla diaria frecuentemente coloreados; yo no puedo, lo confieso aunque parezca un rasgo aristocrático de mi parte. Esos vasos son prácticos para los niños, para beber agua o gaseosas, pero, ¡por Dios! no han sido diseñados para albergar un espléndido *Merlot* o un sutilísimo *Sauvignon Blanc...*

Quien esto escribe no suele ser ortodoxo en casi ninguna de sus actitudes, pero en materia de vinos se pone exigente y hasta nervioso cuando se violan algunas normas elementales de fácil cumplimiento.

En principio, el vino se bebe en copas, no en vasos. Estos últimos sólo pueden ser tomados por su cuerpo, lo cual, en escasos minutos, cambia la temperatura de la bebida por el contacto con nuestra mano. Por supuesto, esto es más válido en los vinos blancos y el champaña, ya que si a la temperatura del ambiente le sumamos la de nuestro cuerpo, muy pronto quedará desnaturalizada la temperatura a que debe llegar a nuestros labios la bebida.

Demás está decir que las copas podrán tener la forma

que prefiera el usuario, ya que es una cuestión de estética y, por lo tanto, intransferible. Personalmente, las prefiero absolutamente incoloras y con forma de tulipán, es decir algo más cerrada en los bordes que en la zona media. Las copas que se utilizan internacionalmente para degustación son así, sólo que más aflautadas y bastante cerradas en los bordes, para captar mejor los aromas, pero no son aptas para quienes tienen una nariz prominente. ¡Cyranos abstenerse!.

Los juegos de copas tienen hoy, por lo general, cuatro ejemplares por persona: agua, vino blanco, vino tinto y champaña. Por supuesto, allí no se acaban las posibilidades, ya que hay copas para licor, jerez o manzanilla, whisky, coñac, calvados, tragos largos, cerveza, martinis, etc. Si se pretende tener toda esa parafernalia, no hay cristalero que aguante.

Cuando hablamos de copas no nos estamos refiriendo precisamente a las de cristal de Bohemia o Baccarat. Hoy día en la Argentina se produce cristalería de muy buena calidad e inclusive hay copas francesas importadas de vidrio fino muy bien elaboradas, resistentes, y de precio absolutamente accesible.

Todavía se ven en las cristalerías juegos completos de copas, generalmente talladas y bastante barrocas, en los cuales sólo la copa de agua es incolora; las de vino blanco son verdes y las de tinto, rubí o granate. En la sincera opinión del autor, constituyen una abominación, ya que esos tonos impiden ver el color de los vinos, que constituyen parte del placer de beberlos.

Además de esa deplorable característica, el origen de las copas verdes o granates, según historias confiables, tienen una explicación lindante con el fraude: fueron creadas en Europa, a instancias de ciertos bodegueros, a raíz de una persistente turbiedad en los vinos, que se disimulaba convenientemente mediante el hábil artilugio de las copas coloreadas. Hoy esas copas son piezas de museo o habitantes de cristaleros que sólo se abren por motivos de limpieza.

El tema de la temperatura de los vinos se presta también a la controversia, por cuanto en él intervienen preferencias personales.

El champaña lo prefiero a unos 7°C, pero hay mucha gente que lo toma a 10°C y quienes lo prefieren casi congelado. Los vinos blancos admiten distintas temperaturas, según sus tipos, y aquí volvemos a afirmar que lo que cuenta no es la ortodoxia de los expertos, ni lo consignado en los libros, sino la preferencia del bebedor.

Hoy existen en el mercado termómetros para vinos y recomendamos a los lectores comprar uno, ya que no es algo oneroso. El termómetro sirve. Lo importante es no convertirse en termómetro-dependiente, sino simplemente usarlo para corroborar a qué temperatura está el vino que nos cae bien. ¿Será de 7° ó 9° nuestra preferencia en blancos o champaña? ¿Algo más o algo menos? Y ¿los tintos? Aquí la variación es más amplia. Hay vinos que conviene beberlos refrescados (12/14°), como los «blush» y los blancos con cierto dulzor natural. No se bebe a igual temperatura un *Cabernet Sauvignon* que un *Syrah*. Aquél requiere algunos grados más que este para que suelte los secretos de su paladar, que suele tener una estructura bastante compleja.

Suele decirse que los vinos tintos deben beberse *chambré*, que se traduce, equívocamente, como a «temperatura ambiente». El *chambré* viene del siglo pasado, cuando, evidentemente, las temperaturas de las habitaciones deberían haber sido muy diferentes a las actuales. De allí que *chambré* debería traducirse como temperatura de sótano, es decir alrededor de los 14 a 16°. En nuestro país, un vino recién traído de la bodega de un restaurante suele estar a unos grados por debajo de la apetencia del cliente y éste suele decirle al mozo: - «Por favor *chambreé* un poco esta botella». Por supuesto, el verbo *chambrear* no existe en el idioma castellano. Sin embargo da origen a la herejía de sumergir una botella de tinto en un balde con agua algo más que tibia. Demás está decir que este cambio súbito de temperatura puede arruinar un vino. Lo ideal es destapar la botella para que se oxigene y vaya tomando la temperatura del lugar, sin brusquedad.

Nuestros lectores se asombrarían de ver el espacio y la minuciosidad que se pone de relieve en muchos tratados franceses de vinos en lo relativo a la temperatura a que deben beberse cada uno de los tipos galos, sean blancos o tintos.

Mucho de ellos confeccionan tablas y gráficos para facilitar al degustador la correcta, exacta, temperatura que corresponde a cada vino. No pretendemos burlarnos de esa muestra un tanto exacerbada del orgullo francés en estas materias. Sabemos que en los grandes restaurantes parisinos existen artefactos, por llamarlos de alguna manera, que mantienen los distintos vinos a las temperaturas aconsejables, según los expertos. Pero todo ello muestra un celo profesional que inevitablemente se desnaturaliza si el *sommelier* retira un vino que se mantiene a 17°, digamos y lo lleva a nuestra mesa, ubicada en un ambiente que seguramente tendrá entre 22 y 24°, para que el mismo sea agradable.

De allí que digamos que las excesivas ortodoxias en la materia no se compadecen con la realidad y que, en esta materia, importante, por cierto, hay que hacer las cosas lo mejor que se pueda, pero sin desgarrarse las vestiduras si la temperatura se nos desliza algún grado por encima o por debajo de lo prescripto. Felizmente, el vino no es como el cuerpo humano, que cuando supera en algunas centésimas su temperatura normal comienza a darnos trabajo y a hacernos sentir mal. Hay que tomar el tema con calma. ¿De acuerdo?.

Placeres

Vinos y comidas

Los que nos aproximamos al vino por placer o en procura de una saludable capacitación, sabemos que el tema se presta a la conversación, que puede recorrer infinitos meandros, empujada por la información, el interés, la imaginación y sobre todo, la controversia.

Porque el vino es materia opinable, como la música, las artes plásticas, la filosofía, los colores, los paisajes, los estados de ánimo y todos aquellos tópicos o conceptos que no pueden medirse en términos cuantitativos, ya que no existe un patrón universalmente aceptado.

Es realmente curioso observar, repasando los libros sobre vinos que uno tiene en la biblioteca a través de viajes y años, la cantidad de términos o conceptos controversiales que desgrana la literatura enológica. Vayan aquí algunas muestras: qué vinos se toman con qué comidas, si los vinos deben destaparse, en el caso de los tintos, algunos minutos u horas antes de beberlos (o, incluso, si debe hacerse caso a ese concepto), a cuántos años debe ascender la edad de los vinos tintos para llegar a un punto ideal de madurez, cómo se deben enfriar o entibiar para alcanzar la temperatura ideal, cuál deberá ser el orden de prelación en una comida y cuáles deben dejarse para ser bebidos «en su mismidad», como diría el maestro Ortega y Gasset.

Quienes se refieren a estos temas suelen estar encaramados en posiciones no negociables. Las ortodoxias son pan de todos los días y nadie parece dispuesto a abdicar un ápice de sus creencias: «La paella se sirve con vino blanco seco y sanseacabó»; «un vino tinto de cierto carácter no debe beberse a más de 15 grados, so pena de arruinar una velada cuidadosamente preparada»; «el vino destapado un par de

67

horas antes pierde buena parte de sus secretos, que tanto ha costado generar». Frases por el estilo se escuchan y hasta se leen en conspicuas publicaciones y quienes las pronuncian o las escriben no se sienten rozados ni por la más ligera sombra de duda. Parecería que tales ortodoxias procedieran de auténticas revelaciones de los dioses del Olimpo.

Sin embargo, como la degustación de un vino pasa a través de nuestros sentidos y nuestros humores es difícil — imposible, diríamos — que esa información sea procesada en idéntica forma por sensibilidades muy dispares. Nada es exacto, certero, incontrovertible en materia de sensibilidad. ¿Quién es el mejor intérprete de Ravel? ¿Pierre Monteux, Ansermet, Cluytens, Dutoit, Lorin Maazel? Uno pone énfasis en su vértigo, otro en su sensualidad, otro en el ornamento y el detalle, otro en el ritmo. Todas las versiones son fieles a la partitura, pero los resultados son muy diversos. Esa diversidad en la sensibilidad del artista es la que da versiones muy disímiles pero admirables. El vino, lo repetimos, es una partitura: los que lo bebemos somos sus intérpretes y, por lo tanto, habrá tantas opiniones como bebedores.

He tenido oportunidad de compartir algunas reuniones con *masters of wine* una cofradía británica, una suerte de masonería enológica a la cual se accede luego de pruebas infinitamente duras y los escuché con verdadero interés. Hablan *ex-catedra*. Sus aseveraciones son como verdades reveladas que gozan, al parecer, de algo parecido a la infabilidad papal. No discuto su sapiencia, pero dejo para ellos las ortodoxias, que pueden cuadrar en los ambientes académicos, pero pierden sustento en la vida cotidiana.

El único principio, que se debe respetar en materia de "casamiento de comidas y bebidas", es que el vino no debe "matar" a la comida ni ésta al vino. Asimismo, hay que recordar que determinados alimentos o modos de preparación de las comidas son incompatibles con el vino, porque estragan el paladar. Tal es el caso de los alcauciles y los espárragos y de todo tipo de vinagreta.

No hay verdades incontrovertibles en cuanto a las bebidas y las comidas. Nuestro paladar nos dirá si los gustos se llevan bien y si la elección es correcta. Si no lo es, siempre habrá tiempo de variar.

Si nos gusta comer pastas (por ejemplo a la manteca) con vino blanco y una cazuela de arroz con mariscos con un buen tinto de cuerpo ligero, hagámoslo. Ningún purgatorio nos espera por cometer esos presuntos pecados.

*Grabado italiano del siglo XV.
Monjes elaborando vino.*

Paráfrasis

Nadie bebe dos veces un mismo vino

Aquellos que se aproximan cautelosamente al conocimiento del vino, a quienes está dedicado este Manual, deben tener presente un concepto fundamental: el vino es materia viva y, por lo tanto, mutante.

Lo que el vidrio de la botella, un buen corcho y lugares adecuados de reposo y estiba logran, es asegurar que la evolución del vino sea la correcta o, más aún, la deseada por sus elaboradores, pero jamás pueden detener en el tiempo un sabor, un aroma y un color, que evolucionarán inexorablemente.

Pongamos un ejemplo. Hemos adquirido una caja de seis botellas de vino tinto. Tomemos una botella al comprarlo y dejemos la segunda para seis meses después y las demás para luego de un estacionamiento mayor: uno o dos años. Seguramente, quienes hagan la experiencia y tengan una razonable memoria gustativa (un talento natural pero adquirible por entrenamiento) coincidirán en que la diferencia entre la primera botella y las demás es muy marcada. El vino puede haber mejorado sensiblemente — eso es lo natural — o sufrido algún deterioro en su calidad, quizás por problemas de estibaje deficiente. **Lo absolutamente imposible es que el vino haya permanecido igual.**

Uno de los filósofos presocráticos más seductores fue Heráclito de Efeso, quién aseveraba que todo cambia constantemente, todo fluye. El frío se convierte en calor, el día en noche, lo grande disminuye, lo pequeño crece, etc. En apoyo de su teoría construyó un atractivo aforismo: «Nadie se baña dos veces en el mismo río». Parafraseando con cierto desparpajo a Heráclito nos atrevemos a afirmar que, en materia enológica, nadie toma dos veces el mismo vino.

Seguramente podrá argumentarse que tal afirmación es exagerada y hasta desmesurada, pero mediante la misma tendemos a demostrar que el aserto tiene mucho de valedero.

Dijimos que el vino es materia viva y, por lo tanto, varía a través del tiempo. Esa condición del vino es una de sus características más excitantes, ya que obliga a adoptar ante él una actitud casi filosófica, lo mismo que ante la vida o los espectáculos de la naturaleza. Dos puestas de sol jamás serán idénticas para un espíritu sensible, aunque concurramos a presenciarla en el mismo lugar dos días consecutivos.

A esa característica intrínseca del vino debemos sumar otra peculiaridad, esta última inherente al ser humano: nuestros mecanismos de percepción también están vivos y tienen la maravillosa imperfección de lo humano.

Pruebas al canto. Beban media botella de un vino a mediodía y terminen de beberla a la noche y pregúntese si ambas mitades eran exactamente iguales. Es casi seguro que no lo sean. En primer lugar, por una razón objetiva: el vino necesariamente varió, luego de la oxigenación del mediodía, y, en segundo lugar, porque nuestras papilas gustativas difícilmente tengan la misma respuesta en ambas ocasiones.

Felizmente, aún no se ha inventado la computadora que mida las virtudes o defectos de un vino. Podrá hacerse un análisis químico inmediato y exacto y hasta tener una respuesta minuciosa y por escrito, pero la cibernética jamás podrá decirnos si tal o cual cosecha es mejor o peor que la anterior.

Utilizando los mismos elementos, la naturaleza produce rostros como el de Jacqueline Bisset o el de Woody Allen. El vino participa en buena medida de esos misterios insondables. Herman Hesse, poeta, ensayista y novelista alemán que recibió el Premio Nobel de Literatura en 1946, decía en el prólogo de *Demian*, novela que algunos leímos en nuestra adolescencia, que «cada hombre es un ensayo único y precioso de la naturaleza». Aunque resulte un parangón algo irreverente, podemos decir de cada botella de vino es un misterio por develar, el inicio de una experiencia personal e intransferible.

Precio y calidad

La insoslayable relación precio-calidad

El hecho de que uno conozca de vinos algo más que el común de los mortales hace que muchos amigos requieran con alguna frecuencia nuestra opinión en la materia. La cosa es así: "Recomendame un buen vino, tengo gente a cenar". Luego de averiguar el menú planeado se impone una pregunta: ¿Cuánto estás dispuesto a gastar por botella? Esta averiguación se refiere a un obvio aspecto económico y también al grado de compromiso social que se tiene con los invitados.

Este manual aspira a referirse al vino como un objeto de placer y no como objeto económico transable en el mercado, pero creemos que es difícil, casi imposible, hacer abstracción del precio cuando hablamos de calidad. Cuando decimos que un vino es bueno o muy bueno, la apreciación lleva implícita la comparación con sus «colegas» de la misma franja de precios y, por supuesto, la opinión está impregnada de nuestras preferencias.

Lo que cuenta, en todos los casos, es la relación *precio-calidad*. Considerar ambos aspectos por separado necesariamente conduce a error. En el libro *Wine Testing* —ya mencionado en este trabajo—, el experto británico Michael Broadbent puntualiza: «Sin ser una cualidad de degustación, el precio es un factor que no debe ser ignorado. Sin duda, es el común denominador de todas las degustaciones comerciales. Solo un esnob o un hipócrita o bien quien nada en la opulencia, desprecia el factor precio».

Más adelante, Broadbent agrega: «Para la mayoría de los

compradores y consumidores de vino, el precio es el criterio definitivo, ya que busca y aprecia el valor de los que paga, tanto como la propia calidad.»

Por lo general, cuando compramos vinos para nuestro consumo elegimos vino para todos los días, vino para ocasiones de cierto compromiso, vinos para agasajar amigos con paladar exigente, etc. Esos vinos que seleccionamos, de acuerdo con nuestros gustos y preferencias, pertenecen a distintas «franjas» de precios, pero en cada una de ellas, nuestra experiencia nos lleva a no olvidarnos de aquel concepto de precio-calidad, que tiene vigencia en cualquier nivel que elijamos.

Al hablar de franjas de precios recordamos un antiguo cuento que escuchamos en Estados Unidos y que decía más o menos así: En un paquetísimo negocio de comestibles había dos amplios recipientes que contenían langostas vivas. El que se hallaba más alto albergaba langostas de 10 dólares. El de más abajo cobijaba los mejores ejemplares de Maine: 20 dólares. Un cliente observa que una de las langostas del primer recipiente se desplaza dificultosamente entre sus congéneres y en su lento periplo cae al recipiente más bajo. Solícitamente, el comprador avisa al dueño del negocio acerca del episodio que había permitido la súbita valorización de la movediza langosta. El dueño le contesta: «Suele suceder. Es uno de los riesgos de la democracia».

Recordamos el cuento de la langosta con frecuencia al observar los precios de los vinos en los anaqueles del supermercado donde habitualmente efectuamos nuestras compras. En épocas de inflación, y vaya que las tuvimos y de toda laya, los precios se movían continuamente y muchas veces vimos que algunas marcas cambiaban de franja de precios (como la langosta), validas del desconcierto del consumidor que no tenía referencias muy concretas para discriminar qué era lo legítimo o lo abusivo. Aquello de «a río revuelto...» era cosa de todos los días. Hace poco más de tres años (escribimos esto a principios de 1994) gozamos de cierta estabilidad y hoy es posible observar la evolución de las distintas franjas de precios.

Podríamos hablar, en materia de vinos no comunes, de

una primera franja que llega aproximadamente hasta los 2 dólares, donde se agrupan vinos selección y reserva de distinta valía. Obviamente, es la franja de mayor salida en época de crisis y se registra una pelea sin cuartel para dirimir supremacías o liderazgos. Otra franja va de los 2 a los 3,50 en donde comienzan a encontrarse vinos que merecen respeto, si bien no todos con los mismos méritos. Entre 3,50 y 5 se agrupan vinos de buena relación precio-calidad, que conviven con otros que podrían considerarse intrusos en esa categoría. Entre 5 y 8 dólares la oferta sigue siendo generosa, pero también en esa franja compiten vinos que normalmente deberían jugar en distintas divisiones. De más de 8 dólares la oferta disminuye súbitamente, pero también en ese Olimpo ocurren algunos desfasajes poco comprensibles. Desde que el *marketing* descubrió la palabra posicionamiento, se cometieron algunas tropelías difíciles de desentrañar para el profano. Una cosa es posicionar un vino en el alto nivel del mercado por sus auténticas virtudes, crianza adecuada, excelente presentación, etc. y otra es porque es bueno y prestigioso, tener un vino de alto precio, destinado a los incautos que creen que, en nuestro país, el precio está en relación directa con la calidad. Ello ocurre en innumerables casos, pero no es una "regla de hierro". Prueba de ello es que, en momentos de demanda pesada y precios relativamente estables, se observan algunos casos significativos de descenso de precios.

Los bodegueros, en confianza, me han confesado que en el costo de la botella de vino de precio medio, el contenido —vale decir el vino —no es uno de los factores más relevantes. La botella, el buen corcho, el vestido del envase (etiqueta, contra-etiqueta, capuchón) más el cartón corrugado de las cajas, el papel liviano conque suelen envolver las botellas (cada vez menos) y los fletes, etc. obligan hoy a «afilar el lápiz» a los productores. Eso, sin mencionar que las grandes cadenas de supermercados, vinerías y vinotecas, canalizan hoy aproximadamente el 50% de las ventas de comestibles y anexos. Y también allí la lucha por el consumidor es cada vez más aguda.

Creo que estas reflexiones sobre la indisoluble relación precio-calidad, son necesarias para que el consumidor «avive el seso y despierte», como nos aconsejaba el poeta Jorge Manrique en sus famosas *Coplas*.

Volvemos a decir que el tema escapa un tanto al objeto de este Manual, pero es bueno reconocer, que además de iniciarse en la degustación del vino, también es bueno saber comprarlo.

Consejos

Consejos para armar nuestra propia bodega

Los que reverenciamos el vino como una de las bebidas más notables generadas por el espíritu humano, solemos soñar con tener en nuestra casa un sótano más o menos amplio y convenientemente ventilado para armar allí nuestra propia, particular bodega. Un lugar sosegado y austero al que podrían acceder solamente personas amigas y que compartan nuestra suerte de «religión» enológica.

Lamentablemente, tener una casa con sótano en estos tiempos es casi un imposible. Solamente las grandes casas en las afueras y de ciertos *countries* exclusivos pueden contar con un lugar como el que describimos.

Dadas dichas dificultades comencemos por hacer ciertas concesiones. Olvidemos al sótano y reemplacémoslo por una alacena o un *placard*. ¿Condiciones imprescindibles? Que estén lejos de las fuentes de calor y luz, que tengan ventilación adecuada y no estén cerca de bolillas de naftalina (en el *placard*) y de las especias de fuertes olores, a menos que estén correctamente tapadas y no suelten sus efluvios, que son muy fácilmente captados por los vinos, más allá de lo que el lector supone.

En un *placard* o alacena de las características señaladas, el lector podrá albergar, digamos, 48 botellas de vino.

Si ésa es la cantidad máxima aconsejamos que 12 sean de vino blanco de rotación más veloz y menor necesidad de estacionamiento y las 36 restantes de tinto e, incluso, algún rosado como concesión al paladar femenino, generalmente proclive a estos últimos.

No olvide escribir en una esquina de la etiqueta la fecha del estibaje, ya que la memoria es más frágil que las botellas.

El armado del inventario corre por cuenta de cada uno, de sus preferencias, pero estimo que se nos agradecería alguna sugerencia al respecto.

Sugerencias para blancos: tres varietales *Chardonnay* (podría ser Fond de Cave de Trapiche, Luigi Bosca y Weinert); tres *Chenin* (Saint Felicien, Martins y Robleviña) y el resto entre *Riesling* y *Sauvignon blanc* y otros que puedan o no ser varietales: Kleinburg de Chandón, Cinta de Plata de Bianchi, Claire de Flichman, el Gewurstraminer de La Rural, etc.

En materia de tintos, la amplitud es considerablemente mayor. Habrá que pensar en una docena de varietales (elaborados según las técnicas californianas). Tres bodegas utilizan esa técnica: San Telmo, Martins y Luigi Bosca. También los «Granja de Samaniego», pero son más difíciles de encontrar.

Entre los tintos de corte hay una amplia variedad: los de Bodegas López: Rincón Famoso, Chateauviex y Chateau-Montchenot. No hay que olvidar al Bianchi Particular, el 1884, el JS, el Perdriel, el Colección Privada de Navarro Correas, el Clos de Moulin de Chandon, el Cautivo de Orfila, el Cabernet Intimo de Canale, el Pontigny de Banyuls, el Cavas de Weinert y el Caballero de la Cepa de Flichman. Hay muchos más pero quedan en el tintero.

Todo esto nos lleva a una conclusión: 48 botellas son insuficientes, sobre todo si tenemos en cuenta que no es recomendable tener una sola botella de cada uno y que no hemos incluido algunas botellas de champaña, algo imperdonable. Habrá que volver a pensar en el sótano o en alacenas más generosas en espacio.

DOC

La denominación de origen

Oportunamente, el Instituto Nacional de Vitivinicultura dio a conocer estudios reveladores de que en los principales países productores de vino — Francia, Italia, España, etc. — líderes también en exportación, se venían experimentando serias dificultades en la comercialización de vinos de baja calidad y también en los comunes. Eso determinó que en dichos países se fueran instrumentando medidas tendientes a desalentar el cultivo de uvas de elevados rendimientos por hectárea y baja calidad enológica. Ese cambio de actitud hizo que hoy, en Francia, más del 70% de los vinos sean DOC, es decir Denominación de Origen Controlada; el 30% restante no lo son.

En la actualidad, los distintos sistemas establecidos por los países vitivinícolas europeos que regulan esa certificación de los lugares de origen de las cepas empleadas en los vinos han adquirido prestigio, una rigurosa solidez y una alta dosis de sofisticación.

Veamos algunos costados de interés de esta cuestión, que ya ha comenzado a funcionar en nuestro país. Francia tiene, en estos momentos centenares — sí centenares — de Denominaciones de Origen Controlada. No olvidemos el tema de los famosos microclimas franceses y el hecho, comprobable por los expertos, de que el vino elaborada con "esta" hectárea de viña, puede ser bastante diferente de aquella otra, cercana a la anterior. Si nuestro conurbano bonaerense fuera una zona vinícola podríamos tener DOC de Vicente López, Florida, Olivos, Munro, Villa Adelina, La Lucila, etc. Es decir localidades dentro de un mismo partido. Esa es sólo una comparación, pero que no refleja cabalmente lo que ocurre en Francia. Las localidades del partido de Vicente López que mencionamos tienen muchas hectáreas cada una y, como se señala más arriba, las denominaciones de origen controlado, en Francia, abarcan a veces unas escasas hectáreas.

Como los franceses tienen estudiadas todas estas liturgias del vino hasta sus más recónditos detalles, es muy difícil siquiera aproximarse a tales exquisiteces. Italia tiene también muchas docenas de vinos DOC y en España, en los últimos años, las regiones vinícolas que antes se limitaban a Rioja, La Mancha o el Penedés, se han multiplicado — quizás sea más correcto decir dividido — de manera espectacular.

En nuestro país, en función de que nuestros vinos han logrado una visibilidad y un prestigio del que jamás habían gozado masivamente escasos años atrás, los bodegueros han tomado conciencia de que los importadores estadounidenses y europeos aceptarían de muy buen grado el que la Argentina contara con un sistema de Denominación de Origen Controlada. Los primeros pasos en tal sentido fueron difíciles, conflictivos y pasaban por la intervención o no del Estado en esa certificación. Los bodegueros sostuvieron, en gran mayoría, que en la era de la desregulación se imponía que fueron ellos, los elaboradores de vino, los protagonistas del proceso, quienes llevaran la voz cantante en la cuestión.

Recordemos que para el consumidor extranjero, el que un vino haya pasado por los severos filtros del organismo que otorga la certificación del DOC correspondiente supone una garantía de seriedad, aun cuando dicho consumidor no tenga la menor idea de las diferencias existentes entre las zonas de Mendoza, por ejemplo, como Maipú, Tupungato, Vistalba, Agrelo, Cruz de Piedra, Luján de Cuyo, Barrancas, San Rafael, etc.

El empuje y entusiasmo de algunos empresarios logró que en los últimos tiempos la Argentina ya cuente con las primeras dos Denominaciones de Origen Controlada: Luján de Cuyo, en la zona cercana a la capital de Mendoza y San Rafael, en el sur de la provincia.

Curiosamente fueron los vinicultores rionegrinos los que arrojaron la primera piedra, años atrás, cuando decidieron exhibir en las botellas de los vinos finos producidos en la zona un simpático marbete en el cual se leía: «Los vinos de la zona fría». Por supuesto no era una denominación de origen ortodoxa, pero sí un plausible intento de diferenciación con respecto a vinos de zonas más tradicionales.

La DOC San Rafael cuenta entre las bodegas propulsoras de la iniciativa a Bianchi, Suter, Goyenechea, Club Privado y Santa Cecilia, y ya han lanzado los primeros vinos DOC de la zona, cuatro *Chardonnay*, dos de cosecha 1992 y dos 1993.

En la zona de Luján de Cuyo quien lideró el proceso que culminó con el establecimiento de los DOC Luján de Cuyo fue el Ing. Alberto Arizu, titular de Luigi Bosca y denodado buscador de la excelencia enológica.

Como puede verse, la Argentina parece estar dispuesta a inscribirse definitivamente en el gran mundo del vino. El tema de los DOC no ha sido sencillo, como nada lo es en un país orgulloso e individualista como el nuestro, pero los pasos que se vienen dando revelan firmeza y determinación.

*Grabado francés del siglo XVIII.
Campesinos pisando uva.*

Etiquetas

La etiqueta, carta de presentación del vino

Los expertos Carlos D. Catania y Silvia Avaginina de Del Monte, del Centro de Estudios Enológicos dependiente de la Estación Experimental Agropecuaria del INTA (Instituto Nacional de Tecnología Agropecuaria) de Mendoza, produjeron años atrás un trabajo muy profesional, cuyo subtítulo era: «La etiqueta como guía de referencias para una nueva vitivinicultura». Resultó un aporte casi profético, porque desde entonces hasta nuestros días sus consejos se fueron plasmando progresivamente en las etiquetas de nuestros vinos.

Digamos que una década atrás, las etiquetas de los vinos argentinos eran espartanas, sumamente parcas y no aportaban sino la mínima información: la marca del producto, el tipo de vino (reserva, fino, blanco, tinto) y al pie, en un cuerpo tipográfico muy pequeño, datos de la bodega elaboradora (ubicación, número de establecimiento en el catastro vitivinícola, domicilio y poca cosa más.

En la actualidad las cosas han cambiado con beneficio para el consumidor, que quiere y debe ser informado. Aparte de ofrecer mayor información, cuidan celosamente su estética que, generalmente, es confiada a diseñadores gráficos especializados, ya que al ser la etiqueta una suerte de carta de presentación del vino, es la primera imagen que recibe el consumidor.

Es lógico, entonces, que la elegancia sea buscada y lograda, pero también es importante que esa apariencia se conjugue con la realidad del vino. Lamentablemente, en nuestro país algunos bodegueros — que ciertamente no militan en el cuadro de honor — recurren a frecuentes cambios de etiquetas en busca del favor del consumidor, pero no ponen igual énfasis en mejorar lo que alberga la botella. Una bella fachada, que no sea más que «escenografía», sirve para atraer el consumidor una sola vez. El paladar no es tan fácil de seducir como la vista. En este sentido es válido decir que una etiqueta, aunque haya sido vestida por un Christian Dior del *packaging* no puede disimular un vino de baja calidad, así como una bellísima encuadernación no puede salvar una literatura de vuelo muy bajo.

Cada vez más vinos complementan la información de la etiqueta con una contra-etiqueta, al dorso de la botella, en donde suele verse la localización en un pequeño mapa la zona productora del vino y sus datos fundamentales: año de cosecha, características del suelo donde están implantadas las vides (en algunos casos se indica hasta el nombre de las fincas e incluso los cuarteles de las mismas).

Quizás el lector impaciente pensará que todo esto que se está haciendo —y es un proceso que sigue— es algo excesivo y que lo realmente importante es el sabor del vino y lo demás es literatura o una forma sutil de publicidad. Coincidimos en que lo fundamental es el vino, pero lo demás está vinculado a la cultura vinícola que, insistimos, sigue siendo fundamental para entender esa magia del vino a la cual hemos hecho referencia en otros capítulos.

Recordemos que años atrás una bodega utilizaba un «slogan» para rematar sus mensajes publicitarios, que eran explicativos de la elaboración del producto: «Porque cuanto más sepa usted de vinos, mejor». Era una buen lema y una excelente apelación publicitaria, sobre todo cuando el productor sabe que su producto satisfará las expectativas del consumidor. Y esto vale tanto para vinos de mesa como para vinos finos.

Volvamos al trabajo de los expertos del INTA consignados en el primer párrafo. En el párrafo dedicado a la región de producción del vino destacan lo siguiente: "La etiqueta debería consignar la región de producción, la que, en lo posible, estaría dibujada en una contra-etiqueta. De esta manera el consumidor comenzará a apreciar las diferencias que ofrece ese verdadero rosario de valles pedemontanos que se extiende a lo largo de la cordillera de los Andes, las cuales se manifiestan en los vinos.

Así conocerá Cafayate, con sus suelos arenosos, a 1500 metros de altura y Chilecito, bajo el ardiente sol riojano. Sabrá que en ambos lugares la variedad *Torrontés* produce un vino con un notable y delicado perfume, con características que no se reproducen en otros lugares del país.

Siguiendo hacia el sur, encontrará el valle del Tullum, en San Juan, con innegables condiciones para la producción de vinos generosos y licorosos, donde se destacan los moscateles por su nivel de perfume.

Luego tendrá la Zona Alta del Río Mendoza (departamentos de Luján de Cuyo y Maipú, principalmente), donde el cepaje *Malbec* encontró su hábitat produciendo los mejores vinos del mundo en esa cepa.

Se informará que subiendo a más de 1100 metros de altura se encontrará con el Valle de Uco (Tunuyán, Tupungato y San Carlos) donde el *Semillón* sufre una metamorfosis notable que lo transforma de un vino «cansado» en las zonas más bajas, en un vino nervioso, vegetal y perfumado, propio de ese valle. Además sabrá que las uvas tintas dan vinos de mucho color. Todo ello reflejo de estas tierras con días de alta insolación y noches frescas.

Sabrá también de las regiones del este mendocino (San Martín, Rivadavia, etc.) y el sur mendocino (San Rafael, General Alvear) donde los vinos blancos de excelente factura tienen el toque característico de la región.

Finalmente conocerá los viñedos más australes del mundo, a 40° de latitud sur, donde se une la calidad a una tipicidad notable. Se trata de los valles de Río Negro, donde se elaboran vinos de primer nivel, tanto tintos como blancos".

Los autores del trabajo comentado también se refieren a la necesidad de ir incorporando el lugar de origen de los viñedos, el tipo de cepa utilizada y el año de cosecha.

Por supuesto, estamos de acuerdo, pero agregamos que un dato realmente importante es el mes y año de embotellado.

Que sepamos son escasas las bodegas que consignan todos estos datos. Solamente Bodegas y Viñedos López tienen una clave para identificar el año y mes de embotellado. Corresponden a una expresión de tres palabras que tienen todas letras diferentes y que no es precisamente muy académica, por lo cual no la consignamos, en homenaje a nuestros lectores.

Esta última sugerencia, la de consignar el momento del embotellado llegará a ser imperiosa, ya que muchos *restaurateurs* me confiaron que, a partir de determinado momento no comprarán vinos que no contengan específicamente ambas fechas: cosecha y embotellado.

Recordemos el eslogan citado más arriba y parafraseémoslo en cuanto a las etiquetas se refiere: Cuanto más digan acerca del vino, mejor.

La Cata

Un juego para entrenar degustadores

Este Manual está dedicado, como se indica en otros capítulos del mismo, a los que se inician en el conocimiento del vino, cualquiera sea su motivación: porque aman dicha bebida, por ampliar su horizonte cultural en ese aspecto, por que sus compromisos sociales le aconsejan conocer más en esta materia, etc. También se aclara que su lectura no implica convertirse en un entendido en la materia, ya que ello significa casi una vida de dedicación.

Los expertos internacionales, los que intervienen en los certámenes que se efectúan en muchos lugares del mundo, que no necesariamente son enólogos, sino *conocedores* en la más amplia connotación de la expresión, tienen méritos ganados como para estar donde están. Seguramente el lector ignora hasta dónde se puede saber en esta materia, tan llena de sutilezas.

Quizás el grupo más famoso de catadores de vino sea hoy el de *Masters of Wines* (Maestros del vino, literalmente). En su seno albergan a unas decenas de socios, que no llegan al medio centenar. Su círculo es tan cerrado como la Academia de Letras de Francia o algunas logias masónicas. Para ser admitido como socio hay que pasar un examen rigurosísimo, cuyo principal escollo es una «cata a ciegas» de no menos de una docena de vinos, de cualquier procedencia. Los que aspiran al codiciado título de *Master of Wine* deberán decir de cada botella probada de qué vino se trata: marca, bodega, lugar de origen, año de cosecha, variedad de uva o uvas que han intervenido en su elaboración, etc. Parece imposible, ¿no? Sin embargo, los *Masters of Wine* existen y cada uno de la cofradía ha aprobado esa impresionante prueba de memoria gustativa y conocimiento ecuménico de los vinos del mundo, ya que deben probar vinos de cualquier país de Europa y también de California, Argentina, Chile, Australia, Nueva Zelanda, etc.

Bajemos a nuestra realidad y tracemos los lineamientos de lo que podríamos llamar un «juego de cata a ciegas casero», que no nos convertirá en expertos internacionales, pero puede ser un entretenimiento para disfrutar con amigos.

En el juego que proponemos pueden intervenir varios «jugadores», no menos de cuatro, para que sea interesante, pero se puede llegar a la media docena.

Una persona ajena al juego debe ocuparse de comprar cuatro botellas de vino de una misma variedad, para que puedan ser comparables. Si elegimos nuestra conocida *Malbec* podríamos optar por Trapiche, Martins, Luigi Bosca y Navarro Correas.

Esas botellas deberán ser abiertas un tiempo antes de comenzar el juego para que respiren, se les quitará no sólo el corcho, sino también la cápsula de plomo y las botellas deberán disfrazarse en forma eficiente para que no puedan ser reconocidas por los participantes. Puede hacerse envolviéndolas con una servilleta o papel de cierto grosor. Luego se numeran de 1 a 4.

A cada participante se le suministrará un papel o una ficha para que pueda hacer anotaciones.

La persona que dirige el juego (quién compró las botellas, por ejemplo) se encarga de servir de cada botella no más de un tercio de copa a cada participante, quien deberá juzgar los clásicos tres factores: color, aroma y sabor. Cada concepto tendrá una puntuación que irá de 1 a 5, para no complicar demasiado las cosas, vale decir que el mayor puntaje que puede lograr cada muestra será de 15 puntos.

Por supuesto, en este caso la cata a ciegas no se hace para saber de qué vino se trata sino para expresar nuestra opinión sobre cada muestra probada.

Terminada la ronda y calificados los vinos por los participantes se produce el punto culminante del juego, que es lo que podríamos llamar el *strip tease* de las botellas. Sacamos los disfraces y vemos las sorpresas que, por lo general, se producen. Las puntuaciones suelen diferir por dos motivos: porque se trata de una opinión personal y, por lo tanto, varía de persona a persona y, en segundo término, porque hay personas generosas en la puntuación y también las hay tacañas en conceder méritos.

Otra sorpresa bastante frecuente es la comprobación de que los vinos mejor puntuados, no son necesariamente los de mayor precio, de allí que el enmascaramiento de las botellas sea fundamental por cuanto nadie es inmune al condicionamiento de una marca conocida.

Este «juego de la cata» que proponemos es, por supuesto, un remedo de las degustaciones a ciegas que se practican en los grandes certámenes internacionales pero lo recomendamos porque se aprende, es atractivo, los jugadores la pasan bien porque nadie pierde, ya que los que juegan toman vinos buenos...

Demás está decir que el juego puede repetirse con otras cepas, tintas y blancas y, cuando ya se adquiere cierta destreza, se pueden incluir vinos de corte de distintas bodegas, ya que lo que cuenta, en definitiva, es nuestro paladar, personal e intransferible.

*Gouache francés del siglo XIX.
Representación de una fiesta.*

Lenguaje

# Breve diccionario enológico

En un capítulo anterior señalamos que el lenguaje del vino recurría frecuentemente a la metáfora o a las analogías para describir aromas y sabores, que son sensaciones o percepciones eminentemente subjetivas. Sin embargo, en el mundo vinícola se utilizan sustantivos o adjetivos que tienen una connotación bastante precisa para definir alguna de las características o peculiaridades de la bebida objeto de este trabajo.

Hemos compilado un breve diccionario enológico, que recoge las expresiones más difundidas en el citado intento de definición. Incluimos las más usuales, procedentes de distintas fuentes de información.

Abocado: Dulzón o con tendencia a ser dulce. Puede ser por agregado de azúcar o por obra de la naturaleza, al elegir uvas en su mayor grado de madurez.

Acerbo: Procedente de cepas de baja calidad, duro, áspero, ácido.

Ácido: Cuando el nivel de acidez es excesivo y se torna desagradable al paladar.

Acético: Vulgarmente «picado», agrio, avinagrado.

Aguindado: Tinto joven, tal vez con mucho tanino.

Agridulce: Sabor defectuoso de un vino que ha fermentado a temperaturas demasiado elevadas.

Alma: Carácter, personalidad de un vino.

Amontillado: Vino característico de Jerez o, más propiamente de Montilla, con sabor a avellanas y considerable cuerpo.

Ajerezado: Sabor que toman los vinos finos excesivamente estacionados o con algún defecto de elaboración o estacionamiento. No es equivalente a agrio.

Apagado: Sin fuerza, ni brillo, ni sabores significativos.

Áspero: Astringente, rudo, difícil de beber.

Astringente: Característica de ciertas cepas, en su juventud (por ejemplo el *Cabernet Sauvignon*). Se siente en las encías.

Aterciopelado: Que acaricia el paladar suavemente, poco ácido y rico en glicerina.

Azufrado: Con olor caliente y picante. Vino de baja calidad, que ha usado azufre como preservante.

Basto: Tosco y vulgar, de baja calidad.

Blando: Falto de carácter, de acidez, de nervio.

Breve: Cuando la sensación posterior a la degustación dura apenas unos segundos, es decir que es perecedero en su sabor.

Brillante: Se refiere a sus cualidades visuales. Cuando el bebedor gira la copa contra la luz se comprueba su limpidez y transparencia.

Cargado: Espeso, con intenso color.

Carnoso: Consistente, denso, espeso.

Casta: Buena calidad, bien criado desde el origen.

Clásico: Un vino cuya estirpe ha persistido a través del tiempo.

Complejo: Con muchos sabores y aromas diferentes.

Completo: Equilibrado, con virtudes visuales, aromáticas y de paladar armoniosas.

Con «aguja»: Ligeramente efervescente, propio de restos de anhídrido carbónico en su composición. Suelen ser agradables al paladar. En Francia se conocen como «pétillants».

Corcho: Con sabor a corcho (en francés *bouchonée*), se produce cuando el mismo está enmohecido.

Corto: De poco sabor y fugaz persistencia.

Crudo: Que no ha llegado a su madurez y tiene una acentuada acidez.

Cuerpo: Con fuerza vinosa y un tenor alcohólico respetable.

Delgado: Muy ligero. Le falta vinosidad, cuerpo, carácter.

Denso: Podría ser sinónimo de basto, sin distinción.

Delicado: Fino, agradable y sutil, aunque no necesariamente distinguido.

De raza: Gran clase, muy representativo de su cepa y región.

Descarnado: Se dice de un vino pobre en alcohol y extracto seco.

Desequilibrado: Cuando sus componentes no logran armonía.

Desvaído: El vino que ha superado su período de madurez y ha perdido sus eventuales virtudes.

Distinguido o elegante: Delicado, suave, se bebe con placer.

Duro: Carente de suavidad, poco agradable al paladar.

Equilibrado: Color, aroma y sabor en buen balance.

Espirituoso: Rico en alcohol, genera calor en el estómago al tomarlo.

Espumoso: Tratado con anhídrido carbónico o embotellado antes de finalizar su fermentación.

Flojo: Débil, de poco cuerpo.

Franco: Vino inconfundible, que procura al paladar sensaciones muy precisas y aromas definidos.

Fresco: Por lo general vinos jóvenes, del año de cosecha, que se beben fácilmente, sin saturar.

Frío: Vino al que le cuesta despedir el aroma, como si permaneciera encerrado en sí mismo.

Frutal, frutado o afrutado: Vinos que conservan el sabor de la uva fresca o tienen el aroma de otras frutas, como la grosella.

Fuerte: Espirituoso, de cuerpo, sabroso, cálido, fogoso.

Garra: Calidad que reúne un vino de mucho cuerpo y aroma.

Generoso: Son vinos especiales, como el marsala, el oporto, el mistela, de mayor tenor alcohólico.

Graso: Su alto contenido de glicerina le confiere untuosidad y suavidad, como el famoso Sauternes, una de las mayores «glorias» de Francia.

Ligero: De poco cuerpo y sabor, fácil de beber.

Licoroso: Dulzón y espeso.

Maderizado: Aquel que conserva muy marcado el sabor y aroma que le comunicó el tonel o la cuba, probablemente estacionados en madera de considerable antigüedad.

Mohoso: Con olor y sabor a moho, producto por lo general de un estacionamiento en un tonel lavado y mal secado.

Nervioso: Aquel que reúne el cuerpo y el sabor suficientes como para conservar por buen tiempo el mismo grado de calidad.

Neutro: Indefinido, sin personalidad en sus características.

Noble: De buena casta, con clase. También se aplica el término a vinos de la franja inferior del mercado pero elaborados con dignidad.

Pastoso: Rico en extracto seco y glicerina.

Pedernal (o yesca): Olor a chispas de pedernal que se observa en algunos vinos blancos.

Plano: Sin cuerpo, ni sabor, ni vida.

Peleón: Expresión típicamente española para designar vinos baratos y ásperos, pero con carácter.

Picado: Vino «enfermo», acidulado y turbio, sin sabor ni fuerza.

Redondo: Muy agradable y equilibrado al paladar. Por lo general son vinos ricos en alcohol, glicerina y acidez.

Robusto: Consistente, con buena graduación alcohólica. Sinónimo de vigoroso y sólido.

Savia: Un vino con savia posee sabor y aroma pronunciados. Deja en la boca una sensación de esplendor, sinónimo de un óptimo grado de madurez.

Suave: Aquellos que contienen mucha glicerina y agradan al paladar. Cosquillean en las mucosas.

Tierno: Poco ácido, ligero, fresco, que agrada a los sentidos.

Tranquilo: Ni con aguja ni espumoso. Suele servir de base a los vinos espumosos.

Turbio: De color poco transparente, opalescente, característica casi inexistente en los vinos de hoy.

Verde: Los vinos muy jóvenes, con marcada acidez, son característicos de Portugal.

Vinoso: Con fuerza, espirituoso, a veces a expensas de la finura o elegancia.

Guarismos

Algunas cifras reveladoras

En más de una oportunidad, hemos manifestado que este Manual no pretende ser un estudio exhaustivo acerca de nuestra industria vitivinícola. Procura, más bien, ser una suerte de introducción a la cultura del vino, y pone más el acento en los aspectos hedonísticos de la bebida: aquellos que nos procuran placer y afinan nuestros sentidos para gozarla plenamente.

Sin embargo, la cultura supone, en cierta medida, información, de allí que pensemos que este trabajo no cumpliría algunos aspectos de su cometido, sin incluir algunos guarismos básicos, para que se entienda la importancia de la elaboración de vino en nuestro país y sus eventuales limitaciones, que siempre responderán a una auténtica toma de conciencia de las autoridades, los bodegueros, viticultores, comercializadores y nuestra sociedad en su conjunto.

Todos los habitantes de esta tierra saben que las estadísticas no son en la Argentina, ni suficientes, ni puntuales, ni plenamente confiables. La vitivinicultura no es una excepción a esa regla, de manera que nos referiremos a las cifras con un generoso margen de tolerancia.

La Argentina tuvo alguna vez, no muy lejana en el tiempo, alrededor de 320.000 hectáreas plantadas con nuestra conocida *vitis vinífera*. Anteriormente y posteriormente a dicha marca, ese guarismo fue cambiando en buena medida. Recordamos, algunos capítulos atrás, que existió una «época negra» en esta materia, cuando se arrancaron vides de buena estirpe para reemplazarlas por uva criolla o cereza, en razón de su mayor producción por hectárea. Es decir que se optó por sacrificar —un error difícil de entender —calidad en homenaje a la cantidad. Dicho de otra manera, se privilegió la menor calidad enológica. Ello ocurrió porque en nuestro país la industria vitivinícola durante muchísimos años estuvo literalmente «tragada» por el vino común, que dominaba más del 90% de la producción.

Años más tarde se darían cuenta, tardíamente, que el vino común era el sector más ampliamente castigado por la baja del consumo de vino en el mundo y comenzó, tímidamente, una reconversión. Hoy puede hablarse de la existencia de algo más de 210.000 hectáreas con viñedos y que las variedades finas han trepado del 4 ó 5 % tradicional hacia un prometedor 12% que, sin embargo, es un porcentaje muy reducido con respecto al vigente en los principales países vinícolas.

Esas 210.000 hectáreas producen anualmente un promedio de 21 millones de quintales de uvas. Ello significa un total de cerca de 15.000.000 de hectolitros de vino. El consumo actual *per cápita* de vino es de 52 litros por año (vinos de mesa + finos).

Esas son las sumarias referencias de la capacidad de producción de vinos en la Argentina y el estado actual del consumo interno, que años atrás andaba en niveles muy superiores (80 litros *per cápita*/año).

Otra de las posibilidades ciertas para que la producción vínica en nuestro país no siga decayendo y, por el contrario tenga esperanzas ciertas de contar con mercados externos confiables y, sobre todo, no saltuarios es la exportación, especialmente de los productos de calidad, ya que son ellos los que cuentan con mercados dispuestos a absorberlos.

Desde hace algunos años, los bodegueros debieron abandonar en buena medida su tradicional individualismo y fueron estimulados a concurrir a los clásicos certámenes internacionales, que son los encargados de calificar a la producción de casi todos los países vinícolas. Ese cambio de actitud, que indujo a presentarse en conjunto —aun cuando se mantuvieran las personalidades de cada una de las bodegas — tuvo resultados más que halagadores. Se regresó de concursos internacionales tan importantes como Vinexpo (que se realiza en la capital mundial del vino, la ciudad de Burdeos), las Catas del Descubrimiento, realizadas en México y España el Concurso Enológico Internacional, la Cata Internacional Vinalia, el Festival Internacional del Vino celebrado en Atlanta, EE UU y otros, con una cantidad de medallas y diplomas de honor que eran absolutamente impredecibles hace escasos lustros. Todo ello es muy auspicioso y ha abierto las puertas de mercados importantes a nuestros productos. Pero lo que inquieta es el futuro, vale decir, las posibilidades ciertas de la Argentina de exportar vinos en cantidades significativas. Actualmente estamos exportando alrededor de 15 millones de dólares al año, cifra modesta si tenemos en cuenta que nuestros hermanos transandinos, los chilenos, que decuplican nuestras cifras de ventas al exterior.

Para exportar en cantidades crecientes hay que tener reservas de producción que permitan el mantenimiento de esa corriente y allí comienzan nuestras dudas, nacidas del conocimiento de algunos guarismos reveladores.

No hace mucho tiempo, el Centro de Estudios de la Estación Experimental de Mendoza, perteneciente al Instituto Nacional de Tecnología Agropecuaria (INTA), organismo que mucho ha realizado para mejorar y tecnificar nuestra producción de vinos, publicó un cuadro comparativo que nos dejó pensativos y algo melancólicos y que se refería a la superficie implantada con viñedos en la Argentina, en comparación con los Estados Unidos de Norteamérica, que apunta hoy como potencia en el mercado mundial, situación que literalmente no existía hace tres décadas o quizás menos.

El cuadro es el siguiente:

Variedad	**Argentina**	**EE UU**	(en hectáreas)
Chenin	2.500	14.000	
Chardonnay	80	7.500	
Tokai Friulano	11.500		
Riesling	50	4.482	
Semillón	2.500	1.253	

Sauvignon Blanc	6	3.200
Pinot Blanc		1.000
Cabernet Sauvignon	3.500	10.036
Malbec	10.000	
Syrah	1.000	5.000
Merlot	1.000	1.137
Pinot Noir	30	4.136
Barbera	1.000	8.500

Como se ve, la diferencia en algunos cepajes importantes, es apabullante. Más recientemente el ingeniero agrónomo Carlos Catania —uno de los más conspicuos técnicos del INTA— visitó largamente la zona vitícola californiana y manifestó que de las hectáreas dedicadas a uvas vinificables son escasas las que se cultivan para producir vinos comunes. También señaló que los cultivos de *Cabernet Sauvignon* aumentaron el área cultivada un 30% en menos de cinco años y la *Chardonnay* creció de aquellos 7.500 consignados en el cuadro a 20.000 hectáreas.

Cabe entonces conjeturar si nuestro ritmo de crecimiento coincide con nuestras expectativas o ésta es otra de nuestras «asignaturas pendientes».

Consumidor: el eslabón más débil de la cadena del vino

Un tradicional dicho popular afirma que «una cadena es tan fuerte como el más débil de sus eslabones». Una verdad innegable, según es posible comprobar. Veamos ahora por qué esta suerte de aforismo es la apropiada para este capítulo.

Hugh Johnson, uno de los gurúes más conocidos y afamados del mundo en materia enológica, afirma en su monumental *Atlas Mundial de Vinos y Licores*, lo siguiente:

> «Mucho vino de buena calidad, incluso un gran vino, es despreciado. Fluye sobre lenguas y a través de gargantas no sincronizadas con él, no receptivas ante lo que puede ofrecerles. Personas preocupadas o absortas en una conversación, que acaban de ingerir una fuerte bebida alcohólica que ha entumecido su sentido del gusto, o han engullido una ensalada con vinagre que se impuso a aquel, que están resfriadas o que, simplemente, ignoran dónde radica la diferencia entre un vino corriente y un gran vino. Nada de lo que puede hacer un vinicultor exime de la necesidad de un bebedor sensitivo e interesado».

Aquí es donde se impone una reflexión: el consumidor es el eslabón más débil de la cadena del vino.

Por supuesto, Johnson no es un francotirador en la materia. El eminente enólogo francés Emile Peynaurd, maestro de nuestro respetado y celebrado Raúl de la Mota y también de la española Isabel Mijares, en su incomparable obra *El Gusto del Vino*, escribe lo siguiente:

> «Detrás de cada definición, se perfila aquel que, en última instancia, juzga la calidad: el hombre que bebe el vino. La

calidad existe solamente en función de ese personaje, de su aptitud para percibirla y sancionarla».

Una narración iluminará un poco más la cuestión.

Muchos años atrás, veinte o treinta, un amigo me contó una historia verídica que tiene que ver, metafóricamente, con lo que estamos tratando. Mi amigo era técnico electrónico y en aquella época no existían en el país los grandes equipos de audio de marcas importantes. Un cliente muy pudiente le encargó construir un equipo *fuori* serie, sin reparar en gastos, con tal de lograr una reproducción de sonido que fuera lo mejor que el llamado «estado del arte» permitiera en ese entonces. Tras meses de labor que incluía la confección del aparato, más la preparación de la sala de música, revestimiento de corcho, cortinados, alfombrados, etc, llegó el momento de decirle a quien formulara el ambicioso pedido que todo estaba listo para la prueba. El buen señor eligió el mejor lugar para acomodarse y cuando estaba bien apoltronado, sacó del bolsillo de su chaleco un par de audífonos y se los colocó en sus oídos. Mi amigo, el hacedor de casi milagros en materia de reproducción de música impresa en discos, quedó estupefacto.

Toda aquella parafernalia no servía para nada, ya que el sonido más espectacular debía pasar por el filtro del audífono. Toda aquella inversión y aquel trabajo no se justificaban, el eslabón más débil de la cadena del sonido era la deficiencia auditiva del melómano.

Creo que la analogía con el vino es evidente. El más talentoso de los enólogos, utilizando la mejor tecnología existente, chocará sin remedio con la indiferencia o escasa preparación del bebedor final.

Sin un elemental talento sensorial, propio o adquirido por educación, aquel esfuerzo será inútil. Sin un receptor adecuado, los mejores productos pasarán por su garganta sin pena ni gloria.

Hugh Johnson, en el párrafo trascripto anteriormente se ocupaba de dos aspectos que interesan en el análisis del problema. En primer lugar, la disposición anímica y física del bebedor en momentos de beber el vino (falta de concentración, paladar estragado por comidas o bebidas previas), y en segundo término, lo más difícil de superar: paladar no educado y una percepción indiferente o inadecuada.

El hacedor del vino se encuentra en estos casos como el artista plástico frente a un ciego. La carencia del sentido de la vista no puede ser suplida por la inteligencia. El no vidente no podrá jamás saber o imaginar los contrastes cromáticos de un Van Gogh, las sutilezas de un Monet o las líneas clásicas de Rembrandt o Velázquez.

En cambio, un paladar ignorante puede ser educado y así como es capaz de diferenciar lo dulce de lo salado y lo suave de lo picante, con el adecuado entrenamiento podrá diferenciar y apreciar lo malo de lo regular y lo regular de lo bueno o excelente. Todo es cuestión de tiempo como asimismo de la debida atención puesta en lo que se bebe.

¿Cómo es el consumidor de vinos de nuestro país?

La gama de posibilidades es muy amplia. Si descartamos a aquellos que no beben por diferentes razones (religión o salud), las categorías se van reduciendo.

Dentro de los bebedores habituales están los que optan por el vino común, con o sin soda, por motivos económicos o simplemente porque su paladar está satisfecho. Existe un estrato social muy numeroso que opta por los vinos selección o reserva de bajo costo ($ 2,50), donde las bodegas tienen una ardua lucha por conquistar al consumidor colocándoles etiquetas elegantes sin preocuparse por el contenido dentro de la botella.

Cuando se asciende en la escala, comienzan a producirse opciones válidas, y allí comienza a pesar lo que llamaríamos «imagen de marca», apoyada generalmente en el prestigio de la bodega, que suele basarse en su trayectoria.

El argentino que toma regularmente vino es muy propenso a las marcas del producto. Sigue fiel a una etiqueta aun cuando, con el correr de los años, el contenido de las botellas varíe sustancialmente. El consumidor promedio de vinos finos tiene un conocimiento muy escaso de esta milenaria bebida. Aunque le interese el tema, no sabe bien cómo encarar su aprendizaje.

Desde hace unos años contamos con literatura apropiada para iniciarse en esta gozosa aventura. No obstante los libros solamente aportan un marco teórico aunque son imprescindibles. El resto es experiencia sensorial. Por eso es conveniente degustar un vino conducido por alguien que conozca del tema, para convertir ese acto en algo reflexivo e inteligente.

En resumen: hay pocos consumidores avezados en la degustación de vinos, pero indudablemente existen muchos candidatos a iniciarse en dicho conocimiento.

Apéndice

BODEGAS VALENTIN BIANCHI

Don Valentín Bianchi, oriundo de Italia, arribó a nuestro país en 1910. Su espíritu emprendedor y voluntarioso lo llevó a participar de los quehaceres comunitarios hasta ejercer como Concejal en el Honorable Consejo Deliberante de San Rafael, Mendoza, entre otras cosas.

Al llegar el año 1928, comenzó a concretarse lo que hasta ese momento parecía un sueño inalcanzable: tener un viñedo y una pequeña bodega propia. En sus comienzos la bodega se denominó "El Chiche", y elaboraba vinos finos. Entre los primeros, se encontraba el vino Súper «Medoc» y posteriormente el vino «Riesling».

En el año 1934, conquistó el premio «Al exponente máximo de calidad» otorgado en la Exposición y Certamen Oficial de vinos, realizado en la ciudad de Mendoza.

Con la incorporación de sus hijos, el crecimiento de la empresa se hizo constante hasta convertirse en 1960 en Valentín Bianchi S.A.C.I.F.

Hoy, con el esfuerzo de sus hijos Alcides y Enzo Bianchi y Aurelio Stradella además de la incorporación de sangre nueva y heredera de sus nietos, el Lic. Valentín Bianchi, el Lic. Alejandro Bianchi y el Lic. Ricardo Stradella Bianchi, la empresa se ha convertido en una de las primeras de la Argentina.

Línea de productos

Vinos tintos
Famiglia Bianchi Cabernet Sauvignon
Famiglia Bianchi Malbec
Enzo Bianchi Gran Cru

Vinos blancos
Famiglia Bianchi Chardonnay
Famiglia Bianchi Sauvignon Blanc

Champaña
Bianchi Extra Brut

Vinos tintos
Bianchi Margaux
Bianchi Borgoña
Don Valentín Lacrado
Bianchi Particular

Vinos blancos
Bianchi Chablis
Bianchi Quinta de Plata
New Age

LUIGI BOSCA

Leoncio Arizu fundó en 1901 la empresa familiar que produce los vinos finos Luigi Bosca, Finca La Linda y Finca los Nobles. Con la implantación del primer viñedo en el valle de Vistalba, se radicó definitivamente en la región de Luján de Cuyo, donde construyó la primera bodega de la familia. Hoy, con la presencia de la cuarta generación de descendientes del fundador, la familia trabaja con un equipo, que respeta la filosofía de la bodega: buscar la excelencia en sus vinos.

Sus viñedos de cuyas uvas son elaborados sus vinos están ubicados en los distritos de Luján de Cuyo y Maipú. Con más de 650 hectáreas, estos viñedos fundamentan la calidad de los productos. Uvas y vinos son cultivados, producidos y embotellados exclusivamente por Leoncio Arizu.

Línea de productos

Finca Los Nobles
Cabernet Bouchet
Malbec Verdot
Chardonnay

Finca La Linda
Pinot Chardonnay
Rosé
Cabernet Syrah
Malbec Merlot
Malbec Syrah

Luigi Bosca
Vinos tintos
Malbec DOC
Cabernet Sauvignon Reserve
Syrah
Merlot
Pinot Noir
Malbec Reserve

Vinos blancos
Chardonnay
Sauvignon Blanc
Johannisberg Riesling

Los vinos Luigi Bosca mantienen un perfecto equilibrio entre la calidad personal y la tecnológica. Por esta razón, ha conquistado el mercado en más de 36 países.

ESTABLECIMIENTO HUMBERTO CANALE

Fundada en 1913 por el Ing. Humberto Canale, esta bodega es uno de los establecimientos vinícolas más australes del mundo ya que está ubicado en Río Negro, a unos 8 km de la ciudad de Gral. Roca a 39,2° de latitud sur.

Se cultivan diferentes cepas: Cabernet Sauvignon, Merlot, Malbec, Pinot Noir, Semillón, Sauvignon Blanc, Chardonnay, Riesling y Torrontes de Río Negro. Al frente de la bodega está el Ing. Guillermo Barzi, la dirección técnica la ejerce el enólogo Lic. Marcelo Miras y cuentan con el asesoramiento externo de Don Raúl de la Mota y del Sr. Hans Vinding Diers.

La bodega representa los vinos de la zonas frías. En los últimos años ha tenido una fuerte inversión al igual que gran parte del sector vitivinícola.

Línea de productos

Humberto Canale
Merlot 1998 – Gran Medalla
Malbec 1997 – Medalla de Oro
Pinot Noir 1997
Cabernet Sauvignon «Íntimo»
Sauvignon Blanc 2000
Semillón 2000
Blanc de Noir «Blush»
Borgoña
Merlot Pinot
Chablis
Torrontés

Marcus
Gran Reserva Pinot Noir 99
Merlot
Cabernet Merlot
Sauvignon Blanc

Diego Murillo
Malbec
Merlot
Chardonnay
Diego Murillo Tinto
Diego Murillo Blanco

Nuevos vinos han salido al mercado, entre los cuales merecen destacarse el Merlot '98, el Malbec '97, el Pinot Noir '99 y el Sauvignon Blanc 2000. Son vinos modernos, intensos, con olores asombrosos y con excelente fruta. Los tradicionales Semillón y Cabernet «Íntimo» siguen manteniendo su estilo clásico. Los productos Marcus y los varietales de Diego Murillo sobresalen por su relación calidad-precio.

J. A. CICCHITTI

Esta bodega nació de la mano de Guissepe Mondati, abuelo del titular de la firma, quien, en 1922, fue premiado con una medalla de oro por «Gran Vino» en la *Esposizioni Riunite del Lavoro* en Milán, Italia.
La bodega está ubicada a 11 km de la ciudad de Mendoza, en un característico paisaje de viñas mendocinas. Las uvas para la elaboración de vinos y champaña provienen de 70 ha selectas ubicadas en Agrelo, Villa Seca, Tunuyán, Vista Flores, Barrancas, Maipú y Rodeo de la Cruz - Guaymallén. Estos viñedos están entre 900 y 1.100 metros sobre el nivel del mar.
Dentro de la elaboración de sus vinos, se encuentran los llamados vinos «ecológicos», como el Cabernet Sauvignon, ya que el viñedo del cual provienen no utiliza agroquímicos ni fertilizantes ni herbicidas.
La colección de vinos Chipo Céspedes, está dedicada al escultor, grabador y pintor mendocino, con gran reconocimiento en la provincia de Mendoza.

Línea de productos

Colección J. A.Cicchitti
Chenin Blanc
Assemblage
Merlot
Cabernet Sauvignon

Chipo Céspedes
Pinot Noir
Torrontés
Merlot-Malbec

Don Genaro
Vino Fino Tinto (Tempranillo-Malbec)
Vino Fino Blanco
Nectar Primicia

Champaña
Soigne 2000
Soigne Extra Brut Nature

Anualmente se producen 100.000 botellas de champaña y 250.000 de vinos, las cuales son atendidas en forma personal desde la elaboración hasta la entrega. Por esta razón, Bodegas J. A. Cicchitti ha obtenido gran cantidad de premios nacionales e internacionales. Hasta hoy, Soigné es la única Champaña argentina con Medalla de Oro en el exterior, en Vinoforum 1997, Europa, y en *Wine Challenger* de Tokio, Japón.

BODEGAS ESCORIHUELA

Fundada en 1884 por Miguel Escorihuela Gascón, un aragonés soñador que convirtió la bodega, ubicada en las cercanías de la ciudad de Mendoza, en una de las más importantes del país. Sus vinos fueron presentados en la exposición Industrial del Centenario, en mayo de 1910. Escorihuela ganó la medalla de oro. Para esa ocasión, se encargó a Francia un tonel con una talla a mano de 4,20 m de ancho y 2,50 m de alto, que representaba al dios griego Dionisios y su corte. Este tonel hoy corona la nave central de la bodega.

La bodega cuenta con un Departamento Especial para vinos Premium. Ha lanzado al mercado su línea Escorihuela Gascón en homenaje a su fundador, protagonizada por su vino de corte, en Miguel Escorihuela Gascón y seguido por sus varietales Malbec, Syrah y Viognier Escorihuela Gascón. Esta línea triunfa desde hace tres años en EE. UU. e Inglaterra.

Escorihuela tiene 200 ha de uvas finas propias y 250 ha de viñedos de terceros bajo la dirección de expertos, ubicados en Agrelo, Luján de Cuyo, una zona alta del río Mendoza a 950 m de altitud sobre el nivel del mar.

Línea de productos tradicionales

Vinos tintos
Pont Leveque Tradicional
Pont Leveque Malbec
Carcassonne Cabernet Sauvignon
Carcassonne Malbec
Pinar del Río Borgoña
Cavas San Julián

Vinos blancos
Pont Leveque Chenin
Carcassonne Sauvignon Blanc
Pinar del Río Chablis
Pinar del Río Torrontés
Cavas San Julián Blanco
Cavas San Julián Rosado

Línea de productos Premium

Vinos tintos
Miguel Escorihuela Gascón
Escorihuela Gascón Malbec
Escorihuela Syrah
Escorihuela Gascón Carbernet Sauvignon

Vinos blancos
Escorihuela Gascón Viognier

BODEGAS ESMERALDA

Proveniente de una familia tradicional de agricultores de vid de la provincia vitivinícola italiana Les Marches, Nicola Catena partió hacia el Nuevo Mundo a fines del siglo XIX con un profundo deseo de cultivar y elaborar vino en tierras propias. Nicola se estableció en Mendoza y en 1902 plantó su primer viñedo en el suelo desértico de esa provincia donde comenzó su elaboración para el mercado interno.

Su hijo mayor, Domingo, asumió la responsabilidad del negocio familiar y lo convirtió en una de las mayores y más prosperas familias productoras de vino. Nicolás Catena, nieto del fundador, ingresó en la empresa luego de su graduación en Ciencias Económicas en el año 1963. Introdujo nuevas técnicas de elaboración, que en ese entonces arrasaban a la región californiana del Nuevo Mundo y mejoró drásticamente la calidad de los vinos finos. Se aumentó la plantación de dos varietales famosos: el Cabernet Sauvignon y el Chardonnay, como así también limitaron la producción para incrementar la concentración de la frutas. Descubrieron que controlando el estrés hídrico se podía alcanzar mejoras en la calidad.

Línea de productos

Valderrobles
Borgoña
Chablis
Beaujolais
Riesling
Cabernet Sauvignon
Chardonnay
Syrah

Finca Los Quiroga
Malbec
Cabernet Sauvignon
Sauvignon Blanc

Rodas
Borgoña
Chablis
Cabernet Sauvignon
Malbec
Afrodita Blanco
Gran Rodas Tinto
Champagne Rodas

Shorthorn
Malbec
Fumé Blanc

Bodegas Esmeralda está equipada con la más avanzada tecnología y maquinaria, inclusive con un programa de barriles de roble traídos desde Francia y EEUU.

BODEGAS ETCHART

Bodegas Etchart nació en 1850 en Cafayate, provincia de Salta.

Los antepasados de los que luego fundarían la bodega, la familia de Flavio Niño, se instalaron en Cafayate a mediados del siglo XIX en la Finca la Florida, para iniciarse en el cultivo de la vid.

En 1938, Arnaldo Etchart adquirió la finca de solo 65 ha y dió una nueva orientación a la empresa. A la variedad Torrontés, introducida por los misioneros a fines del siglo XVI, se sumaron las variedades Cabernet Sauvignon, Chardonnay, Merlot y Malbec, entre otras.

En 1975, Etchart comenzó sus actividades en la provincia de Mendoza, en el departamento de Luján de Cuyo y Valle del Uco.

En 1996, la Bodega fue adquirida por el grupo francés Pernod Ricard, quien desde ese momento ha realizado grandes inversiones en los viñedos y en el personal para mejorar la calidad de sus vinos y generar nuevos mercados.

Línea de productos

Bodega ETCHART - Cafayate

Vinos tintos
Arnaldo B. Etchart
Cafayate Internacional Malbec
Cafayate Internacional Cabernet
Cafayate Cabernet Sauvignon
Etchart Privado Malbec-Cabernet

Vinos blancos
Cafayate Internacional Chardonnay
Cafayate Internacional Torrontés Sauvignon
Cafayate Torrontés
Etchart Privado Torrontés

Bodega ETCHART - Mendoza

Vinos tintos
Etchart Privado Cabernet Sauvignon
Etchart Privado Merlot
Etchart Privado Malbec
Etchart Tempranilla-Malbec Etchart
Etchart Vino Fino Tinto

Vinos blancos
Etchart Privado Chardonnay
Etchart Chenin-Chardonnay
Etchart Vino Fino Blanco

Etchart es la bodega argentina más premiada en concursos internacionales en 1997, 1998, 1999 y 2000.

EXTRÊME

Empresa creada en junio de 1998 por una asociación entre el Grupo Bodegas López y Jean-Edouard de Rochebouët para retomar las marcas Extrême, H. Piper y P. Rigaud. Es la única bodega argentina que se dedica exclusivamente a la elaboración y comercialización de champagne de calidad.

Con la Casa Piper-Heidsieck, una de las más prestigiosas bodegas de champagne de Francia, se estableció un acuerdo de asistencia técnica y de uso de la marca H. Piper para toda América Latina.

Bodegas Extrême posee más de 100 ha de viñedos plantados de Pinot Noir y de Chardonnay en la zona de Tupungato, ubicada en el Valle de Uco, a 1.100 metros sobre el nivel del mar. Esta región presenta un clima seco muy luminoso, con noches frescas que facilitan la obtención de frutos de elevada y armónica acidez.

Las uvas finas cultivadas, de altísima pureza varietal, provienen de plantas francesas importadas de la zona de Champagne, que reproducen la misma calidad de materia prima en Mendoza que en Francia.

La recolección se efectúa en forma manual. La toma de espuma se hace a temperatura baja y constante para obtener una fina espuma y persistentes burbujas elegantes. Los productos Premium de Bodegas Extrême están desarrollados en base a uvas Pinot Noir y Chardonnay con el fin de lograr una champaña que conserve todas las características del francés, pero adaptado al gusto argentino.

Línea de productos

Champañas
Extrême Cuvée Spéciale
H. Piper 2 Mil Extra Brut
H. Piper Extra Brut
P. Rigaud Extra Brut

Bodegas Extrême es además importadora y distribuidora del champagne francés Piper-Heidsieck.

BODEGA FABRE-MONTMAYOU & BODEGA INFINITUS

La bodega Fabre-Montmayou es la primer bodega artesanal construida en la Argentina. Un grupo francés, oriundo de Bordeaux, bajo el impulso de Hervé Joyaux Fabré, decidió instalarse en nuestro país para fundar una bodega que trabajara, en su forma y en sus resultados, a la manera de los *chateaux* franceses. Para ello, eligió la zona vinícola de Luján de Cuyo, distrito de Vistalba, con una altitud de 1.080 m por ser la más famosa para la producción de uva de calidad.

Actualmente, Fabre-Montmayou controla 47 ha que fueron plantadas en 1908. Las mismas están cultivadas con cepajes finos como Malbec, Cabernet Sauvignon, Merlot, Syrah y Chardonnay. El cultivo de la vid es realizado en la forma tradicional, sin uso de herbicidas ni químicos, a fin de asegurar la obtención de frutos ecológicamente aptos.

La bodega Infinitus, otra propiedad de Domaine Vistalba, está situada en el valle de Río Negro en la Patagonia a unos 1.200 km al sur de Mendoza en la zona más austral. Las fluctuaciones térmicas entre el día y la noche son muy grandes, hecho que favorece el desarrollo de polyfenos de mucha fineza. Los vinos Infinitus son una novedosa y armónica combinación de las variedades finas que se obtienen en esta tierras.

Línea de productos

Bodega Fabre-Montmayou
Fabre Montmayou Grand Vin '97
Fabre Montmayou Malbec '97
Fabre Montmayou Merlot '97
Fabre Montmayou Cabernet Sauvignon '97
Fabre Montmayou Chardonnay 2000

Bodega Infinitus
Infinitus Malbec/Syrah 99
Infinitus Cabernet Sauvignon/Merlot '99
Infinitus Chardonnay/Semillón '99

FINCA FLICHMAN S.A.

1910 fue el año de refundación de esta bodega, originariamente nacida en 1873, luego de la Campaña del Desierto. La primera bodega se llamó Barrancas, nombre de su lugar de origen. En 1910 se fundó la actual bodega Finca Flichman, sobre la base de su antecesora. Los viñedos se implantaron en terrenos formados por tierra fértil transportada a carreta desde las laderas de los Andes. El «piso» de las fincas es un manto de canto rodado (antiguo lecho del río). Eso les permite a las tierras conservar cierto grado de calor, benéfico para los cultivos, que origina un perfecto microclima para uvas de calidad, en una zona ubicada a 680 m sobre el nivel del mar.

Con la adquisición de la bodega en 1997 por el grupo vitivinícola portugués Sogrape, conocido por su fuerte presencia en los mercados internacionales –que elabora los famosos Portos Ferreira y Offley y el vino Mateus–, se puso en marcha la ejecución de un ambicioso plan estratégico: implantación de nuevas viñas, expansión y tecnificación de la bodega e inversión en las marcas.

Hoy, Finca Flichman cuenta con viñedos propios de aproximadamente 280 ha en Barrancas y Tupungato, donde se cultivan los siguientes cepajes: Cabernet Sauvignon, Malbec, Syrah, Merlot, Sangiovese, Tempranillo, Chardonnay, Chenin Blanc y Riesling. Cuenta con una reserva de 500 ha adicionales, 100 de ellas en etapa de desarrollo.

Todos los vinos de Finca Flichman son embotellados en su lugar de origen.

Línea de productos

Mercado interno y externo
Finca Flichman Dedicado
Finca Flichman Caballero de la Cepa
Finca Flichman Varietales
Aberdeen Angus
Argenta

Mercado externo
Finca Flichman Reserva

Mercado interno
Claire
Jubilé
Viña F. F. Plata

Exporta a más de 30 países, entre los cuales se destacan Inglaterra, EE.UU, Dinamarca, Holanda, Alemania, Suecia, Noruega, Finlandia, Japón, Canadá, España y Brasil.

GOYENECHEA Y CIA

La empresa Goyenechea y Cía fue fundada en 1868 por los hermanos Santiago y Narciso Goyenechea, emigrantes vascos españoles que se instalaron en Buenos Aires, donde se dedicaron al comercio de vinos y licores nacionales e importados. A comienzos del siglo, se adquirió la actual bodega, ubicada en Villa Atuel, cercana a San Rafael, en el sur de Mendoza. Los viñedos de superior calidad crecieron en función del sistema de regadío del río Atuel. Los primeros vinos se comercializaban principalmente en la provincia de Buenos Aires adonde llegaban en tren, primero en cascos, y luego en botellas y damajuanas.

Hoy trabajan en la empresa la cuarta y quinta generación de Goyenechea. La Bodega de Villa Atuel, a pesar de ser casi centenaria, cuenta con todas las facilidades que brinda la moderna tecnología. Tiene una capacidad de 14 millones de litros. Para los vinos blancos se utilizan cepas Chardonnay, Sauvignon Blanc, Chenin y Pineau de la Loire. En uvas tintas se utilizan Cabernet Sauvignon, Merlot y Syrah. La empresa integra el Consejo de Denominación de Origen San Rafael.

En 1993 se elaboró un DOC San Rafael Chardonnay, parte del cual se exportó a EE.UU. como el primer vino DOC argentino exportado.

Línea de productos

Vinos tintos
Centenario 1993
Cabernet Sauvignon 1997
Borgoña (Merlot/Syrah) 1998
Malbec 1999
Merlot 1999 (solo para exportación)

Vinos blancos
Chardonnay 2000
Brut 2000 (Chardonnay/Tocai)
Sauvignon Blanc 2000

Rosado
Merlot Rosé 2000

La bodega utiliza solamente la marca «Goyenechea» en el mercado interno. En las exportaciones los vinos se venden como «Goyenechea», «Vasconia» y «Marqués de Nevado». Las ventas al exterior suponen el 20 % de la facturación.

Todos los vinos proceden de San Rafael, y la mayoría son de producción propia (Villa Atuel). El Cabernet y el Chardonnay son de D.O.C.

BODEGAS Y VIÑEDOS SANTIAGO GRAFFIGNA

Fundada en 1870 por Don Juan Graffigna, cuya infatigable labor marcó la génesis de la industria vitivinícola en la provincia de San Juan. Sus viñedos están ubicados a 700 m sobre el nivel del mar, en el valle de Tulum. Esta zona es ideal por sus favorables condiciones naturales: clima cálido, seco y de intenso sol, además de estar irrigada con aguas de deshielo provenientes de la cordillera de los Andes.

La bodega, que hace muchos años tuvo el honor de haber sido la primera en elaborar en el país vinos de exportación, actualmente cuenta con tecnología de vinificación de avanzada y un departamento de comercio exterior que le permite hacer conocer al mundo los vinos finos de San Juan.

Línea de vinos Graffigna

Vinos tintos
Graffigna Cabernet Sauvignon
Graffigna Cabernet Syrah
Graffigna Malbec

Vinos blancos
Graffigna Chardonnay
Graffigna Chardonnay Sauvignon
Champaña
Graffigna Extra Brut

Línea de vinos Colón

Vinos tintos
Colón Cabernet Merlot
Colón Cabernet Sauvignon
Colón Borgoña
Colón Beaujolais

Vinos rosados
Colón Rosado

Vinos espumantes
Tupelí Blaco
Tupeí Rosado

Vinos blancos
Colón Chardonnay
Colón Riesling
Colón Chablis
Colón Torrontes
Colón Sauternes

Champaña
Colón Brut

Jerez
Tío Paco Abocado
Tío Paco Fino Seco

BODEGAS HISPANO ARGENTINAS

El origen de las bodegas Martins se remonta a 1977 cuando la famila Martins, inmigrantes de origen portugués dedicados a la industria del corcho, instalaron la bodega en Cruz de Piedra, Mendoza. Casi 20 años después; el grupo Arco Bodegas Unidas llegó a la Argentina de la mano de Carlos Falcó, Marqués de Griñón, y adquirió la bodega de la familia Martins. Carlos Falcó realizó un acuerdo de *joint-venture* con Bodegas Norton, Bodegas Hispano Argentinas, para elaborar en el Dominio de Agrelo, la línea de Marqués de Griñón argentina, basada en la variedad de uvas tempranilla, cepaje introducido al país por Carlos Falco. A partir de enero de 1999, se disolvió el *joint-venture* con Norton y, en consecuencia el grupo Arco Bodegas Unidas se volvió propietario del 100 % de las acciones de Bodegas Hispano Argentinas y el Marqués de Griñón, su presidente.

Línea de Productos

Martins
Cabernet Sauvignon
Merlot
Cabernet Sauvignon-Syrah
Malbec
Andino Tinto
Andino Blanco
Chardonnay
Sauvignon Blanc
Don Rui Tinto
Don Rui Blanco
Mediterráneo Tinto
Mediterráneo Blanco

Marqués de Griñon
Dominio de Agrelo Malbec
Crianza
Duarte Tempranillo
Duarte Malbec
Duarte Chenin Blanc

La Bodega Hispano Argentina exporta sus vinos al Reino Unido y los países nórdicos. Sus vinos fueron premiados en el *International Wine Challenge* con medallas de bronce y con medalla de plata en el *International Wine and Spirit Competition* en 1998.

BODEGA LAGARDE S.A.

Lagarde fue fundada por el capitán Angel Pereira en 1897, en Luján de Cuyo, provincia de Mendoza. Desde aquellos años, sus uvas fueron destinadas a la elaboración de vinos finos. Entre sus principales cepajes cultivaban la uva francesa Malbec.

La familia Pescarmona adquirió la bodega hacia mediados del año 1977, por Don Luis Menotti, su señora Teresa Ana Peña y sus hijos Enrique, Liliana y Mónica. Encararon un proyecto que hoy es una realidad que se fue concretando con la ardua tarea de todos. De unas pocas hectáreas, se ha transformado en 250 ha propias, con una capacidad de elaboración de 2.450.000 lts.

Línea de productos

Vinos tintos
Lagarde Cabernet Sauvignon
Lagarde Malbec
Lagarde Crianza
Lagarde Merlot
Lagarde Syrah Oc

Vinos blancos
Lagarde Sauvignon Blanc
Lagarde Chardonnay
Lagarde Viognier
Lagarde Blanc De Noir

Champaña
Lagarde Extra Brut

Los hijos de Luis M. Pescarmona continuaron con el proyecto y ya sus nietos comienzan a dar sus primeros pasos en este emprendimiento familiar.

Además, el grupo posee otras empresas en la Argentina: Impsa, Impsat, Mercantil, Andina, etc.

Bodegas Lagarde es miembro de la Primera D.O.C. de América del sur. Es una de los pocas empresas con capitales 100% argentinos. Ha tenido un gran crecimiento tanto en el mercado interno como en el externo. Lagarde exporta sus vinos a Malasia, Japón, Filipinas, Hong Kong, Alemania, Bélgica, España, Holanda, Luxemburgo, Austria, Suiza, Inglaterra, EE. UU., Canadá, Brasil, Perú, Colombia, México, Chile y Uruguay, entre otros.

VIÑEDOS Y BODEGAS LA RURAL

Ascoli Piceno, Le Marche, en la primera mitad del siglo XIX, fue el punto de partida donde comenzó la tradición vitivinícola de la familia de Don Francisco Rutini. Felipe Rutini, su único hijo varón, después de estudiar y recibirse de técnico agrario, decidió trasladarse a América.

Fue Coquimbito, departamento de Maipú, Mendoza, el lugar ideal para desarrollar las técnicas aprendidas. En 1885 inicio la construcción de una bodega, que la llamó La Rural. Trabajó muy duramente y se convirtió en un importante bodeguero.

Años después, su familia se trasladó a Italia para perfeccionar sus conocimientos vitivinícolas. Actualmente se conservan retoños del viñedo original y sus instalaciones cuentan con un equipamiento de última generación y barricas de roble francés.

Don Felipe falleció en 1919, y la empresa quedó a cargo de sus descendientes que se dedicaron a variedades finas, como el Cabernet Sauvignon, el Chardonnay, el Gewürztraminer, el Merlot y el Malbec.

Línea de productos

Vinos tintos
Felipe Rutini
Rutini Cabernet Malbec
Rutini Merlot
Rutini Malbec
Cepa tradicional
San Felipe Tinto 12 Uvas
San Felipe Tinto
Pequeña Vasija Virgen Tinto
Pequeña Vasija Tinto

Vinos blancos
Rutini Sauvignon Blanc
Rutini Traminer
Rutini Chardonnay
San Felipe Blanco
Pequeña Vasija Virgen Blanco
Pequeña Vasija Blanco

Champaña
Champagne Rutini

La bodega trascendió las fronteras, sus exportaciones aumentaron doce veces entre 1995 y 1997 y continúa creciendo vertiginosamente.

El establecimiento posee un museo, cuyo fundador es el actual presidente de la empresa, el Dr. Rodolfo Reina Rutini. Es único en América del sur y cuenta con piezas de gran valor histórico.

BODEGAS LAVAQUE S.A.

Bodegas Lavaque es una bodega familiar tradicional dedicada a la elaboración de vinos finos de alta calidad.

Hace más de un siglo, hacia 1870, Don José Lavaque plantó sus primeros viñedos en la ciudad de Cafayate, provincia de Salta. Entre sus cinco hijos, Félix, el mayor, decidió unirse a su padre en este desafío. Tiempo más tarde su nieto Gilberto viajó a Mendoza y se instaló en el distrito de Cañada Seca, tierra favorable para el cultivo de la vid, donde fundó Bodegas Lavaque.

Debido a la particular intensidad del sol de la región, se obtuvo una maduración natural de la uva y colores intensos en los vinos.

La bodega vinifica racimos cosechados en las viñas propias de Cañada Seca, Barrancas del Atuel y Los Ingleses. Las cepas son: Cabernet Sauvignon, Merlot, Malbec, Pinot Noir, Chardonnay y Chenin.

Volviendo a sus orígenes, la familia Lavaque adquirió extensos viñedos y una bodega en la ciudad de Cafayate. Estos viñedos se encuentran ubicados en una de las zonas vitivinícolas más altas del mundo, a 2.000 m sobre el nivel del mar con suelos extraordinariamente fértiles y libres de toda contaminación atmosférica.

Desde 1889, la filosofía de la familia Lavaque se encuentra claramente orientada a la consolidación de la calidad de sus vinos y sus marcas, tanto a nivel nacional como en el mercado internacional.

Línea de productos

Vinos tintos
Félix Lavaque Pinot Noir 1994
Félix Lavaque Cabernet Sauvignon 1994
Finca de Altura Cabernet Sauvignon
Finca de Altura Malbec
Finca de Altura Merlot
Finca de Altura Pinot Noir
Lavaque Cabernet-Merlot Roble
Lavaque Malbec –Merlot Roble

Vinos blancos
Finca de Altura Chardonnay
Lavaque Sauvignon-Chardonnay Roble

BODEGAS Y VIÑEDOS LÓPEZ S.A.C.I.F.

Bodega muy tradicional que se destaca por la calidad y regularidad de sus productos. Fue fundada por José López Rivas, oriundo de España, que se instaló en Buenos Aires en 1886. Al poco tiempo se trasladó a Mendoza para dedicarse a la vitivinicultura. Comenzó a producir vinos y aceites de oliva de gran calidad y rápidamente la empresa alcanzó trayectoria. Sus viñedos se cultivan en el Departamento de Maipú y Luján de Cuyo, en los que predominan cepajes de calidad como Cabernet Sauvignon, Merlot, Pinot Noir, Sauvignon Blanc, Chenin y Chardonnay.

En 1994 tomó el control de la empresa, Carlos Alberto López, quien continuó la línea de conducta y trabajo de sus antecesores, junto con la participación de los bisnietos del fundador en la tarea iniciada más de un siglo atrás.

En todo lo referente a la elaboración, desde la viña hasta la entrega del producto, Bodegas López utiliza equipos de última generación, manteniendo un constante enriquecimiento tecnológico, pero sin modificar la estructura artesanal.

Línea de productos

Vinos tintos
Montchenot Gran Reserva 20 años
Montchenot Gran Reserva 15 años
Montchenot
Casona López Malbec
Chateau Vieux
Rincón Famoso
López
Vasco Viejo

Jerez FL

Vinos blancos
Montchenot
Casona López Chardonnay
Chateau Vieux
Rincón Famoso
López
Vasco Viejo

Champaña
Montchenot Nature
Montchenot Extra Brut
Mont Reims Brut

Año a año se advierte un incremento en sus volúmenes de exportación. Los países importadores son especialmente Austria, Suiza, Alemania, Perú, Ecuador, Canadá, EE. UU. y México, entre otros.

MICHEL TORINO

En 1892, los hermanos David y Salvador Michel, fundaron una bodega en las tierras del valle de Cafayate, en Salta, con el objetivo de lograr vinos finos de excelencia a partir de una materia prima de calidad superior a la media.

La conjunción de factores climáticos y geográficos, tales como la altura (más de 1700 metros), la amplitud térmica, la baja humedad y los 350 días de sol al año, generan las condiciones óptimas para el cultivo de la vid en esa región.

A estas condiciones se le suma la implementación de tecnología de avanzada en todas las fases de la producción, bajo la estricta supervisión de un equipo de enólogos e ingenieros agrónomos.

Línea de productos

Vinos tintos
Borgoña
Colección Cabernet Sauvignon
Colección Malbec
Colección Merlot
Colección Tannat
Don David Cabernet Sauvignon
Don David Malbec

Vinos blancos
Chablis
Torrontés de Cafayate
Colección Chardonnay
Colección Torrontés Nouveau
Don David Torrontés
Don David Chardonnay

Más de 50.000 turistas de todo el mundo visitan la bodega cada año.

Esta casona de arquitectura colonial, donde abundan los arcos de medio punto y los patios internos, ofrece a los visitantes la posibilidad de alojarse para disfrutar de su encantadora naturaleza: el valle cordillerano rodeado de viñedos.

Asimismo, el turista puede apreciar en el lugar todo el proceso de elaboración del vino y participar en diferentes degustaciones.

NAVARRO CORREAS

La familia Navarro Correas tiene una antigua tradición en la elaboración de vinos. En 1798, don Juan de Dios Correas plantó las primeras vides en Mendoza, en los faldeos andinos. Actualmente don Edmundo Correas, descendiente directo del fundador, es presidente de la bodega.

La bodega tiene sus viñedos en el departamento de Maipú y Tupungato. Sus uvas cultivadas son las siguientes: Cabernet Sauvignon, Malbec, Pinot Noir, Merlot, Chardonnay, Syrah, Chenin y Sangiovese, entre otras.

La firma se mantiene en constante actualización tecnológica, centrando sus inversiones en el manejo del viñedo, modernos equipos de frío, cubas de acero inoxidable y pequeñas barricas de roble francés.

En la elaboración de su afamado champaña, Navarro Correas realiza la segunda fermentación con el tradicional método champenoise, con el que obtiene alta calidad en el aroma, finas y persistentes burbujas y refinado sabor.

Línea de productos

Vinos tintos
Reserva Privada Cabernet Sauvignon
Cuveé Julián Correas
Navarro Correas Colección Privada
Navarro Correas Syrah
Navarro Correas Malbec
Navarro Correas Pinot Noir

Vinos blancos
Reserva Privada Chardonnay
Reserva Privada Sauvignon Fumé
Navarro Correas Chardonnay
Navarro Correas Riesling
Navarro Correas Sauvignon Blanc

Champaña
Navarro Correas Grand Cuveé
Navarro Correas Nature
Navarro Correas Extra Brut

La bodega ha obtenido múltiples galardones entre los que se destaca la Medalla de oro lograda por el Syrah en Bruselas. El famoso Robert Parker calificó con los más altos puntajes al Navarro Correas Colección Privada y Malbec.

En la actualidad, la comercialización de estos vinos está a cargo de Guinness UDV, Argentina (Cinba S.A.) que, además, es propietaria de la marca.

BODEGAS & VIÑEDOS ROBINO

El origen de estas bodegas comenzó con el esfuerzo de un inmigrante visionario, en la época en que Mendoza aún era un desierto. Dante Robino, tras vender sus fincas en Italia, llegó a nuestro país y echó raíces para siempre eligiendo para su gesta las tierras de Luján de Cuyo. Allí fundó en 1920, la bodega cuya sola mención evoca las más bellas, sabrosas y perfumadas tradiciones italianas.

Hoy, la conducción de Robino Bodegas & Viñedos conjuga la tradición y el arte heredados de su fundador con la continua reinversión en tecnología de avanzada.

Viticultores de fincas propias y asociadas, comprometidas con la empresa, consagran cada año su producción, una materia prima excelente, que es monitoreada permanentemente para lograr su calidad.

Contribuye a avalar las bondades de dichos productos una infraestructura compuesta por adelantos de última generación. Todo esto acompañado y guiado por el factor humano y personal especializado que se capacita y se actualiza para responder a las exigencias crecientes del mercado.

Línea de productos

Vinos espumantes
Gamba di Pernice Rosso
Gamba di Pernice Rosato
Gamba di Pernice Bianco
Gamba con Duraznos
Gamba con Fresas
Champagne Suá
Suá Limón
Suá Extradulce
Suá Fresas

Vinos
Chianti Robino
Robino Malbec
Robino Marsala
Robino Oporto

Bodegas Robino se especializa en la elaboración del típico vino de la Toscana italiana, Chianti, que se distingue por su clásico empajado, realizado en forma artesanal. Robino construyó una champagnera con tecnología de última generación que la ubica entre las cuatro primeras plantas elaboradoras del país.

BODEGAS SALENTEIN

Las tierras que hoy pertenecen a este emprendimiento fueron testigos de innumerables proezas y hazañas. Es una zona donde la voluntad y los esfuerzos se transmitieron de generación en generación, desde los pueblos indígenas y las misiones jesuíticas hasta la presencia de grandes personalidades como el Gral. San Martín. La Finca San Pablo, una de las propiedades de la empresa, tiene una rica historia que se remonta a comienzos del sigo XVII. Antaño, formaba parte de la estancia llamada «De Arriba», propiedad de la compañía de Jesús.

A más de 1500 m sobre el nivel del mar, en el corazón de la finca se encuentran las ruinas de la «Casa Grande», casco construido por jesuitas que ya se dedicaban a la producción vitivinícola. Hoy, casi 200 años más tarde, Bodegas Salentein cultiva la variedad de Pinot Noir en esa finca.

Está ubicada en el Valle de Uco, lugar que ofrece condiciones inmejorables para la producción de vinos de alta calidad, por su microclima único. La bodega ofrece una amplia gama de productos que va desde varietales jóvenes y frutados hasta vinos más complejos, criados en barricas de roble.

Línea de productos

Salentein Primus
Pinot Noir '99
Chardonnay '99

Salentein
Cabernet Sauvignon Roble
Malbec Roble
Merlot Roble
Chardonnay Roble '99

Finca El Portillo
Cabernet Sauvignon '99
Malbec '99
Merlot '99
Tempranillo 2000
Sauvignon Blanc 2000
Chardonnay '99

Bodegas Salentein respeta estrictamente el concepto D.O.C. (Denominación de Origen Controlada), ya que sus uvas provienen de viñedos propios cercanos a la bodega.

BODEGAS Y VIÑEDOS SANTA ANA

Fundada en 1891 por Don Luis Tirasso, pionero en el desarrollo de la vitivinicultura en la Argentina, Bodegas Santa Ana se ubicó rápidamente entre las primeras productoras de vinos finos de América del Sur. En el año 1935 fue adquirida por Basso Tonnelier & Co. y se convirtió en una exitosa empresa familiar que consolidó el liderazgo de la marca Santa Ana en el mercado de vinos finos de la Argentina. En enero de 2000, Bodegas Santa Ana fue adquirida por BVA S.A. compañía líder en el mercado de la industria vitivinícola, para convertirse así en la primera productora de vinos finos de nuestro país. Esta adquisición, sumada a los valores tradicionales de Bodegas Santa Ana, ofrece como resultado la óptima combinación de los más altos estándares de calidad y los precios más competitivos del mercado.

El establecimiento principal de Bodegas Santa Ana se ubica en Villa Nueva de Guaymallén a solo 6 km del centro de la ciudad de Mendoza. La planta ha recibido en los últimos años significativas inversiones en tecnología que le aportaron los más altos niveles de producción y control de calidad.

Línea de productos

Vinos tintos y blancos
Selección Santa Ana
Santa Ana Borgoña
Santa Ana Chablis
Casa de Campo Malbec
Casa de Campo Torrontés
Santa Ana Cabernet Sauvignon
Santa Ana Malbec
Santa Ana Torrontés Nouveau
Cepas Privadas
Rincón del Sol
Blush Fresa
Blush Durazno

Champaña
Villeneuve Brut
Villeneuve Demi Sec

Con un claro perfil exportador, Bodegas Santa Ana comercializa sus productos en EE.UU., Inglaterra, Alemania, Dinamarca y Japón, entre otros destinos. En setiembre de 2000, la Bodega relanzó su marca Villeneuve, elaborada con las variedades Chenin, Chardonnay y Ugni Blanc.

SANTA SILVIA S.A.

En 1942 nació Viñedos y Bodegas Sainte Sylvie para recuperar una antigua tradición familiar catalana. Con el correr de las vendimias, Sainte Sylvie introdujo nobles cepas de origen francés en sus tierras de San Rafael, Mendoza. Así los viñedos ganaron rápidamente fama en toda la región cuyana.

Esta bodega se encuentra ubicada en el Valle de San Rafael. Su fincas propias reúnen condiciones especiales para el cultivo del Malbec, Cabernet Sauvignon y Chardonnay. La bodega posee dos lagares de acero inoxidable: una para uvas tintas y una para uvas blancas. Los mostos son tratados con bombas adecuadas para no incorporar oxígeno en los movimientos. Cuenta, además, con una línea de embotellado aséptico de última tecnología, para obtener vinos fraccionados con bajos tenores de oxígeno y con una presentación adecuada.

Línea de productos

Vinos tintos
Santa Silvia Tinto
Santa Silvia Borgoña
Santa Silvia Malbec
Santa Silvia Syrah
Santa Silvia Cabernet Syrah

Vinos rosados
Santa Silvia Rosado
Santa Silvia Pinot Gris Dulce Natural

Vinos blancos
Santa Silvia Blanco
Santa Silvia Torrontes
Santa Silvia Chablis
Santa Silvia Dulce Natural
Santa Silvia Chardonnay

Champaña
Santa Silvia Brut

Desde su orígenes, Bodegas y Viñedos Sainte Sylvie, mantiene una filosofía cuyos valores centrales son el trabajo constante y el esfuerzo cotidiano.

BODEGAS TOSO

La trayectoria de Bodegas Toso se remonta a 1890, hecho que la sitúa como una de las primeras bodegas del país. En ese año, Don Pascual Toso, que había llegado a Mendoza a mediados de 1880 de su pueblo natal Canale D'Alba, Italia, instaló su primera bodega en San José, Guaymallén. Por haber nacido y crecido en una zona vitivinícola pudo apreciar rápidamente la calidad excepcional de los caldos de Mendoza y, a principios del siglo XX, extendió sus viñedos a la zona de Barrancas, Maipú. Así adquirió la finca "Las Barrancas", donde actualmente se elaboran los caldos base de los vinos finos.

El antiguo establecimiento de Guaymallén cumple la función de bodega de corte y añejamiento además de contar con una moderna planta de fraccionamiento. También, en San José, funciona la tradicional bodega de elaboración de champagne según el clásico método Champenoise de fermentación en botella y clarificación en pupitre. Esta singularidad le vale el prestigio que distingue al champagne extra Toso, considerado como uno de los mejores del mundo.

Línea de productos

Champagne
Extra Toso Método Champenoise
Toso Demi Sec
Toso Brut

Vinos
Línea de varietales Toso
Cabernet Sauvignon
Chardonnay

Línea Mendoza
Mendoza Red
Mendoza White
Mendoza Rosé

Línea Pascual Toso
Borgoña
Torrontés
Chablis

El espíritu emprendedor de Don Pascual Toso sigue vivo en sus descendientes que se brindaron con entusiasmo y continuaron la labor iniciada por él. La bodega es dirigida actualmente por la tercera y cuarta generación de los Toso.

BODEGAS TRAPICHE

Trapiche es una bodega tradicional que, desde sus inicios, dedicó sus esfuerzos a la producción de vinos de alta calidad. Fue fundada en 1883 por Tiburcio Benegas quien, además de ser un excelente vitivinicultor, tuvo destacada intervención en la política y economía de la provincia de Mendoza.

En 1970, Trapiche fue comprada por la familia Pulenta y, desde ese momento, empezó a desarrollar una gran transformación en los viñedos y en la bodega; como así también en los productos elaborados por ella.

Los viñedos están ubicados en las mejores regiones de Mendoza: Maipú, Luján de Cuyo y Tupungato, a una altura entre 800 y 1.100 metros sobre el nivel del mar. Las uvas son cuidadosamente cosechadas; pasan por prensas neumáticas donde se obtienen los caldos que luego fermentan en tanques de acero con temperaturas minuciosamente controladas. Con el fin de incorporar a los vinos un refinado toque de madera, la crianza se realiza en pequeñas barricas de roble francés.

Línea de productos

Vinos Tintos
Trapiche Medalla
Fond de Cave Cabernet Sauvignon
Trapiche Malbec
Trapiche Malbec «Roble»
Trapiche Cabernet Sauvignon «Roble»
Trapiche Pinot Noir

Vinos Blancos
Fond de Cave Chardonnay
Trapiche Sauvignon Blanc

Vinos rosados
Septiembre Trapiche

Actualmente, Trapiche es el primer exportador de vinos finos de la Argentina y está presente en más de 30 países de todo el mundo. Los esfuerzos realizados se reflejaron en la obtención de importantes premios en concursos internacionales, como en *Selections Internationales* (Montreal), *Wine Magazine International Challenge* (Londres), *Challenge International du Vin* (Bordeaux) y *Expo Food* (Milán).

BODEGAS Y CAVAS DE WEINERT

El sr. Bernardo Weinert, fundador de la bodega, fascinado por la vitivinicultura y atraído por la región, decidió instalarse en Mendoza para producir vinos y eligió como ámbito una bodega de Luján de Cuyo construida en el año 1890 con un bello estilo arquitectónico. Restauró la bodega que estaba prácticamente en ruinas y la amplió a fin de adecuarla al firme propósito de elaborar vinos de alta calidad. En 1977, tras un arduo trabajo, se realizó la primera vinificación.

No es casual que Bodegas y Cavas de Weinert haya elegido este lugar como el hábitat ideal para desarrollar el cultivo de sus viñedos. Esta privilegiada tierra unida al buen clima y a su pureza ecológica, casi única en el mundo, produce uvas de excelente sabor y aroma.

El desarrollo de este proyecto contó con el arte y la sabiduría del sr. Raúl de la Mota hasta el año 1995, continuado en la actualidad por el enólogo Hubert Weber.

Línea de Productos

Vinos tintos
Weinert Malbec Estrella 1977
Weinert Cabernet S.Estrella 1994
Cavas de Weinert «Gran Vino»
Weinert Cabernet Sauvignon
Weinert Malbec
Weinert Merlot

Vino rosado
Montfleury

Vinos blancos
Weinert Chardonnay
Carrascal Blanco

Miscelánea
Carrascal Tinto
Pedro del Castillo

La bodega goza de un justo renombre que le abre caminos en el exterior en base a la calidad y excelencia. Exporta sus productos a un total de 26 países de Europa, Asia y América.

Regiones vitivinícolas de la Argentina

Regiones vitivinícolas de la Argentina

En la Argentina, las zonas vitivinícolas en las que se producen los vinos que se adaptan y compiten exitosamente en el exterior, de acuerdo a los estándares internacionales, son cinco: Mendoza, San Juan, Salta, La Rioja y Río Negro.

Mendoza

Es, indudablemente, el gran centro del vino argentino. En los alrededores de la cuidad se agrupa un considerable número de bodegas grandes, medianas y pequeñas. Más al sur, a unos 230 km de la capital, se extiende la zona de San Rafael, productora también de excelentes vinos y que cuenta con la «Denominación de Origen Controlada» (D.O.C.).

Los suelos, en su gran mayoría, son aluvionales. La tierra es rica en minerales provenientes de la cordillera, generalmente arenosa, con buen drenaje y notablemente pobre en materias orgánicas. También hay suelos calcáreos y arcillosos en distintas zonas. En la región de Barracas, por ejemplo, el suelo es un antiguo lecho de río, con abundante canto rodado, que ha sido rellenado con tierra de la precordillera, a comienzos del siglo XX. Esa capa poco profunda de pedregullo le permite a las tierras conservar el calor y la humedad, condiciones excelentes para el desarrollo de las viñas.

En todo el mundo, la vitivinicultura opta por suelos rústicos, pobres en materias orgánicas, permeables, ubicados en zonas con buena amplitud térmica, condiciones que se dan con generosidad en la provincia de Mendoza.

Salta

Es una de las regiones vitivinícolas más antiguas del país. Se admite que los jesuitas plantaron vides en esta zona en el siglo XVII. Posteriormente, grupos de inmigrantes del siglo pasado reconocieron que el área del Valle de Cafayate era ideal para el cultivo de la vid: escasas lluvias, extraordinaria luminosidad y una excelente amplitud térmica entre el día y la noche.

El suelo es franco-arenoso, con una buena cantidad de ripio, lo que le aporta buen drenaje. El riego proviene de la pre-cordillera, por lo que el agua es neutra. El clima es seco, con una humedad promedio de 15 %. El cepaje más cultivado en la región es el torrontés riojano, que es el más expresivo en cuanto a sus características. También se cultivan, con excelentes resultados, las variedades chenin, riesling, cabernet sauvignon, malbec, merlot y barbera d'asti.

La Rioja

En la zona de Chilecito existen viñedos que se cuentan entre los más antiguos del país. A pesar de la alta temperatura promedio, algunas bodegas han logrado producir vinos de extraordinaria calidad, en especial los productos elaborados con uvas torrontés riojano, variedad que se desarrolla con excelencia en esta región, la que cuenta con la Denominación de Origen Controlada «Valles de Fátima-Torrontés Riojano» desde 1995.

Río Negro

Su zona vinícola se extiende a lo largo del paralelo 39 de latitud sur y se encuentra cercana al Alto Valle del Río Negro. El clima es continental, seco, con inviernos fríos y húmedos y grandes amplitudes térmicas entre el día y la noche. Es una región poco lluviosa. El agua que riega sus viñedos es del Río Neuquén. Se la considera una zona óptima para la producción de vinos blancos de alta calidad, de moderada graduación alcohólica y buena acidez. También se obtienen excelentes resultados de la cepa merlot.

San Juan

Las viñas se encuentran cerca de la capital de la provincia, irrigadas por el río San Juan. No toda la provincia es apta para el cultivo, ya que presenta temperaturas muy elevadas. La mejor zona es la del Valle de Tulúm, por sus suelos arenosos y subsuelo de pedregullos, con buen drenaje.

Esta tierra es apta no solamente para la elaboración de vinos, sino también para aperitivos, vinos especiales como los tipo moscato, jerez, oporto, y para la elaboración de coñac local, que suele alcanzar buenos niveles de calidad.

Baco o Dionisos: dios del vino en la mitología grecorromana

Agradecimientos

Quiero dejar constancia de mi agradecimiento a las entidades oficiales o privadas, vinculadas a esta obra por el beneplácito con que recibieron esta iniciativa cuando era solamente un proyecto.

A mi querido y admirado don Raúl de la Mota, por su entusiasta apoyo que se manifestó en su prólogo.

A la gran mayoría de bodegueros por su decidido apoyo a este emprendimiento.

También agradezco a mi sobrina y asistente, María Fernanda Dengis, por su dedicación, tesón y paciencia puestos al servicio del «alumbramiento» de este libro.

Jorge Dengis

BODEGA	DIRECCIÓN	TELÉFONO	E-MAIL
V. Bianchi	Av. Quintana 529 5° Capital Federal	4805-2977	vbianchi@satlink.com
Luigi Bosca	A.M. de Justo 750 Of. 7 y 8 Cap. Fed.	4331-2206	luigibosca@luigibosca
Establecimiento H. Canale	Azopardo 1428 1° Capital Federal	4307-1506 4307-7990	willy@datamarkets.com.ar
Cicchiti	Buenos Vecinos 57 R. de la Cruz, Mza.	0261- 4913139	bodegac@arnet.com.ar
Escorihuela	Virrey del Pino 3210 Capital Federal	4555-3888	ventas@sa-escorihuela.com.ar
Esmeralda	Guatemala 4565 Capital Federal	4833-2080	mkt.esmeralda@interlink.com.ar
Etchart	Lima 229 Capital Federal	4381-8001	perric@prargentina.com.ar
Extrême	Godoy Cruz 1980 2°B Capital Federal	4779-0333	bodegasextreme@arnet.com.ar
Fabremontmayou	Roque S. Peña s/n Luján de Cuyo, Mza.	026- 982330	domvistalba@infovia.com.ar
Finca Flichman	Maipú 757 8° Capital Federal	4326-7300	internacional@flichman.com.ar
Goyenechea	Alsina 1974 Capital Federal	4952-0274	goyenechea@infovia.com.ar
S. Graffigna	Cuenca 750 Villa Lynch Bs. As.	4752-7903 4752-7904	graffigna-ba@bodega-graffigna.com
Hispano Argentina	C. Pellegrini 775 1° Capital Federal	4328-2300	federicol@bha.com.ar

BODEGA	DIRECCIÓN	TELÉFONO	E-MAIL
Lagarde	Bulnes 2154 3° "A" Capital Federal	4827-9440 4827-9470	info@lagarde.com.ar
La Rural	Belgrano 271 2° Capital Federal	4343-5224 4343-1676	bodegaslarural@arnet.com.ar
Lavaque	Godoy Cruz 3236 Capital Federal	4771-9113	infovia@lavaque.com
López	Godoy Cruz 2000 Capital federal	4774-7071	lopezmza@bodegaslopez.com.ar
Michel Torino	Senador Ferro 500 Santos Lugares	4716-8000	onofre@interserver.com.ar
Navarro Correas	Bouchard 680 7° Capital Federal	5776-2800	calderon@cinba.com.ar
Robino	Zapiola 3151 Capital Federal	4544-1400 4544-3503	bodega@bodegarobino.com
Salentein	Humbolt 2355 1° Capital Federal	4777-8880	info@bodegasalentein.com
Santa Ana	Senador Ferro 500 Santos Lugares	4716-8000	bvsa@bodega-santa-ana.com.ar
Santa Silvia	Cuenca 750 Villa Lynch Bs.As.	4752-7903/ 4752-7004	ssylvie@arnet.com.ar
Toso	Catamarca 70 Capital Federal	4862-3126	casamatriz@jllorente.com.ar
Trapiche	Arroyo 844 2° Capital Federal	4394-1968	trapiche@interserver.com.ar
Weinert	Cerrito 1130 2° Capital Federal	4815-0915	bodegaweinert@ciudad.com.ar

Índice

Prólogo 7
Prólogo 2001 9
A modo de presentación 11
Introducción 13
El vino como una de las bellas artes 15
Una breve referencia a la historia del vino 17
La elaboración del vino 19
La degustación del vino 24
Los vinos genéricos o de corte 34
Los vinos varietales y la revolución californiana 37
Las cepas más utilizadas en la Argentina 41
Gustos 47
El vino y el lenguaje 49
Champagne 53
El champagne, principe de los vinos 55
Ceremonias 59
De copas y temperaturas 61
Placeres 65
Vinos y comidas 67
Paráfrasis 71
Nadie bebe dos veces un mismo vino 73
Precio y calidad 75
La insoslayable relación reci-calidad 77
Consejos 81
Consejos para armar nuestra propia bodega 83
DOC 85
La denominación de origen 87
Etiquetas 91
La etiqueta, carta de presentación del vino 93
La cata 97
Un juego para entrenar degustadores 99
Lenguaje 103
Breve diccionario enológico 105

Guarismos 111
Algunas cifras reveladoras 113
Consumidor: el eslabón más débil de la cadena del vino 117
Apéndice 121
Bodegas Valentín Bianchi 123
Luigi Bosca 124
Humberto Canale 125
J. A. Cicchitti 126
Bodegas Escorihuela 127
Bodegas Esmeralda 128
Bodegas Etchart 129
Extrême 130
Bodega Fabre-Montmayou & Bodega Infinitus 131
Finca Flichman S.A. 132
Goyenechea y Cía 133
Bodegas y viñedos Santiago Graffigna 134
Bodegas Hispano Argentinas 135
Bodegas Lagarde S.A. 136
Bodegas y viñedos La Rural 137
Bodegas Lavaque S.A. 138
Bodegas y viñedos López 139
Michel Torino 140
Navarro Correas 141
Bodegas y viñedos Robino 142
Bodegas Salentein 143
Bodegas y viñedos Santa Ana 144
Santa Silvia S.A. 145
Bodegas Toso 146
Bodegas Trapiche 147
Bodegas y cavas de Weinert 148
Regiones vitivinícolas de la Argentina 149

Se terminó de imprimir
En el mes de Octubre de 2002 en
Gráfica MPS S.R.L.
Santiago del Estero 338 – Lanús Oeste
Buenos Aires – República Argentina